Tanja Strohm

Zwergelinchen

eine phantasievolle Reise ins Land der Entspannung

Autogenes Training für Kinder und Erwachsene

Inhalt

1. Ein Vorwort an die Eltern 4

2. Die Zwergelinchen-Märchen 14

Der Inhalt der CD

1. Demo-Märchen Herr Wind
2. Die Erdfee
3. Die Kinder der Sonne
4. Herr Wind
5. Leo der Sonnenlöwe
6. Die Atemblume
7. Jojo der Waldwichtel
8. Klangteppich mit Sprache
9. Klangteppich ohne Sprache

Der Inhalt der MC

Seite 1

1. Demo-Märchen Herr Wind
2. Die Erdfee
3. Die Kinder der Sonne
4. Herr Wind

Seite 2

5. Leo der Sonnenlöwe
6. Die Atemblume
7. Jojo der Waldwichtel
8. Klangteppich mit Sprache
9. Klangteppich ohne Sprache

Musik: Kurt Hummel, Mathias Frey, Karsten Stingl, Tanja Strohm
verlegt bei: PolyGram Songs/Edition Lipwit/Edition Polymedia

Sprecherin: Tanja Strohm
Erzählerin: Nanette Scriba
Saxophon und Flöten: Büdi Siebert
Gitarre und Keyboard: Kurt Hummel
Piano und Keyboard: Mathias Frey
Cover-Grafik: Anette Müller

1. Ein Vorwort an die Eltern

»Was ist denn nur mit unseren Kindern los?« Diese oder ähnliche Fragen höre ich sehr oft von Eltern, deren Kinder zu mir in die Praxis kommen. »Mein Sohn ist seit einiger Zeit furchtbar aggressiv und unkonzentriert.« - »Unsere beiden Kinder sind so zappelig, daß sie keine fünf Minuten still sitzen können.« - »Meine kleine Tochter hat Alpträume und möchte am liebsten gar nicht mehr einschlafen.« Sehr wahrscheinlich kennen Sie diese oder ähnliche Sorgen um Ihr Kind und haben bereits eine Menge Theorie über Streß-Symptome bei Kindern gelesen und gehört. Ich möchte Ihnen an dieser Stelle weitere Exkurse in die Theorie der Streßforschung ersparen, denn:

Dies ist ein praktisches Buch. Ein Vorlese-Buch, das Ihnen und Ihren Kindern auf ganz einfache und phantasievolle Art hilft, mittels Märchen und Musik zu entspannen und eines der anerkanntesten und bewährtesten Entspannungsverfahren zu erlernen und anzuwenden: das Autogene Training. Nur eines vorab: Gestreßte Kinder kommen leichter zur Ruhe, wenn auch Mama und Papa mal relaxen und vom Alltag abschalten. Eltern und Kinder sind wie Spiegel, die permanent aufeinander wirken: Das, was Sie ausstrahlen, bekommen Sie zurück.

Aus diesem Grunde ist es so wichtig, daß Eltern und Kinder auch gemeinsam entspannen können - und genau das ist Sinn und Inhalt dieses Buches. Sie werden sehen, wie diese Erfahrung Ihr Familienleben bereichern wird und so manches Gespräch, das vorher im Streit geendet hätte, in ruhiger und gelassener Atmosphäre ermöglicht.

Mama und Papa als Therapeut im eigenen Haus

Sie als Eltern können eine sehr positive und wirksame therapeutische Funktion erfüllen. Nicht nur durch das Vorlesen der Zwergelinchen-Entspannungsgeschichten und der damit einher gehenden Aufmerksamkeit, die Sie Ihrem Kind uneingeschränkt schenken.
Sie werden sehr bald feststellen, daß Sie selbst das Autogene Training beim Vorlesen automatisch mitlernen werden und dabei zu tiefer Ruhe kommen können. Diese Ruhe und Ihre entspannte Ausstrahlung wird sich bald auf Ihr Kind übertragen, vielleicht sogar schneller als in einer professionellen Entspannungs-Therapie. Schließlich haben Sie als Eltern durch den täglichen Umgang miteinander die besten Möglichkeiten, auf das Wohlbefinden Ihres Kindes positiv einzuwirken.

Was ist Autogenes Training?

Das Autogene Training wurde von dem Berliner Nervenarzt Professor J. H. Schultz entwickelt und ist eine der anerkanntesten Entspannungsmethoden überhaupt, die selbständig - nämlich autogen - angewandt werden kann. Somit ist das Autogene Training Hilfe zur Selbsthilfe. Das Autogene Training beeinflußt auf positive Weise die seelische Befindlichkeit und die unbewußt gesteuerten - das heißt: die nicht bewußt beeinflußbaren - Körperfunktionen wie:

1. Muskel(ver)spannung
2. Blutzirkulation und Blutversorgung der Organe
3. Atmung und Herzschlag.

Diese Beeinflussung der Körperfunktionen geschieht allein durch Ihre Vorstellungskraft und mit Hilfe bestimmter Formeln, die Sie sich innerlich vorsprechen.

Die Übungen

Mit den Entspannungsmärchen dieses Buches, die aus den Bedürfnissen der Praxis entstanden und vielfach erprobt sind, lernen Sie und Ihr Kind die Übungen der Grundstufe des Autogenen Trainings in folgender Reihenfolge kennen:

1. Ruhe-Übung (»Zwergelinchen und die Zauberformeln«, S. 14)
2. Schwere-Übung (»Die Erdfee«, S. 19)
3. Wärme-Übung (»Die Kinder der Sonne«, S. 24)
4. Stirn-Übung (»Herr Wind«, S. 30)
5. Sonnengeflecht-Übung (»Leo der Sonnenlöwe«, S. 36)
6. Atem-Übung (»Die Atemblume«, S. 42)
7. Herz-Übung (»Jojo der Waldwichtel«, S. 48)

Mit diesen Grundstufen-Übungen des Autogenen Trainings können Sie bereits nach kurzer Übungszeit in einen Zustand tiefer Entspannung gelangen.

Die Rücknahme

Beendet wird die Übungsabfolge des Autogenen Trainings immer mit der Rücknahme, die in den Märchen »Katzenübung« genannt wird. Die Rücknahme dient dazu, das volle Tagesbewußtsein wiederzuerlangen und ist dementsprechend ein absolutes Muß.
(Sie finden den kompletten Entspannungstext mit allen Übungen und der Rücknahme noch einmal separat auf S. 60.)

Autogenes Training lernen mit Musik?

Meist wollen Erwachsene nicht, daß Ihr Kind bei den Hausaufgaben oder beim Lernen Musik hört und auf diese Art abgelenkt und unkonzentriert ist. Doch auch in diesem Buch geht es um Lerninhalte und, um es vorwegzunehmen: Hier ist Musik nicht nur erlaubt, sondern sogar erwünscht. Und dies nicht - wie man vielleicht zunächst annehmen möchte - wegen des Unterhaltungswertes, sondern aus ganz pädagogischen Gründen, denn mit jedem Zwergelinchen-Märchen wird eine Übung aus dem Autogenen Training sowohl inhaltlich als auch musikalisch vermittelt. Auf der beiliegenden CD/MC finden Sie zu jedem Märchen (mit Ausnahme der beiden zusammengehörigen Einführungs-Märchen »Zwergelinchen und die Zauberformeln« und »Die Reise durch Deinen Körper«) in entsprechender Reihenfolge den sogenannten Klangteppich und im Anschluß daran eine Entspannungsmusik.

Der Klangteppich dient als Hintergrundmusik, die beim »Trainieren« der Übungen des Autogenen Trainings abgespielt werden soll. Die Entspannungsmusik dient dem Inhalt des Märchens und der dazugehörigen Übung als vertiefende Hintergrundmusik, die beim Vorlesen abgespielt werden soll. Durch das wiederholte Abspielen des Klangteppichs bzw. der Musik während des Vorlesens nutzen Sie eine äußerst effektive Art des Lernens:

Das verknüpfende Lernen.

Was heisst das: Verknüpfendes Lernen? Und wie funktioniert das?

Die Klangteppiche haben eine ganz besondere Klangqualität, die direkt auf die einzelnen Übungen des Autogenen Trainings abgestimmt wurde. Sie werden feststellen, daß der Klangteppich mit jedem Zwergelinchen-Märchen um eine Übung und somit eine "Klangqualität" länger wird. Durch das wiederholte Abspielen der Musik während der Märchen und des Klangteppichs während der Autogenes Training-Übungsphase werden die Entspannungs-Informationen der jeweiligen Autogenes Training-Übung im Gehirn des Kindes an die entsprechende Musik geknüpft bzw. gekoppelt. Sie werden feststellen, daß Ihr Kind und Sie selbst - bei regelmäßigem Üben - sehr bald allein durch das Hören der Musik entspannen werden.

So wie Sie in diesem Buch die komplette Übungsabfolge des Autogenen Trainings noch einmal unabhängig von den Märchen separat abgedruckt finden (S. 60), so werden Sie auch die komplette Abfolge der Übungen in musikalischer Form - als Zusammenschnitt - auf der CD/MC als Klangteppich (Track 9) wiederfinden. Auf diese Art (und mit ein bißchen Übung) können selbst Kinder im Vorschulalter das Autogene Training bald selbständig anwenden, ohne daß Sie die Übungsformeln immer wieder vorlesen müssen.

Die innere und äussere Sprache des Autogenen Trainings

Zu Beginn lernen Sie und Ihr Kind die Übungen des Autogenen Trainings, indem Sie die Formeln zur Musik laut vorlesen (siehe Track 8). Nach einiger Zeit - und vor allen Dingen beim selbständigen Üben des Autogenen Trainings - sollten Sie die Formeln beim Hören des Klangteppichs nicht mehr laut, sondern nur noch innerlich mitsprechen und einige Zeit später ist selbst das nicht mehr nötig. Der »Entspannungsimpuls« wird dann bei Ihnen und Ihrem Kind einzig und allein durch das Hören des Klangteppichs gegeben.

Wie Sie dieses Buch und die CD/MC benutzen können

»Eine phantasievolle Reise in das Land der Entspannung« ist ein Klangmärchen zum Vorlesen für Eltern und ihre Kinder. Doch bevor Sie mit dem Vorlesen beginnen, sollten Sie die nun folgenden Hinweise und Anleitungen in Ruhe lesen.

Beim Durchblättern des Buches werden Sie feststellen, daß kleine Symbole im Text jedes Märchens abgebildet sind.
Sie bedeuten folgendes:

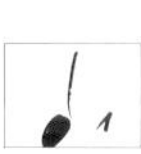

Bitte starten Sie an dieser Textstelle den zu diesem Märchen gehörigen Soundtrack und lesen Sie erst dann weiter.

Diese Symbole machen den Umgang mit Text und CD/MC ganz einfach. Für den Lernerfolg ist es wichtig, daß Sie die Musik in genau der durch die Symbole angegebenen Weise und Reihenfolge abspielen.

Jeder Soundtrack ist folgendermaßen aufgebaut:
Als erstes hören Sie den für Sie aktuellen Klangteppich, in den Sie die im Text angegebenen Übungssätze des Autogenen Trainings hineinsprechen. Im Anschluß daran hören Sie die für Ihr aktuelles Märchen zugehörige Entspannungsmusik, so daß Sie einfach mit dem Märchentext fortfahren können.
Sie finden auf der CD/MC (Track 1) exemplarisch ein Märchen, in dem der Umgang mit dem Soundtrack noch einmal genau erklärt wird.

Sie werden sehr schnell feststellen, daß Sie Ihr Kind und sich selbst anfänglich überfordern, wenn Sie sich jeden Tag mit einer neuen Geschichte aus diesem Buch und somit einer neuen Übung aus dem Autogenen Training beschäftigen. Lassen Sie sich und Ihrem Kind Zeit.

Lesen Sie die Geschichten in chronologischer Reihenfolge und zunächst im Abstand von ein paar Tagen vor, so daß Ihr Kind das gesamte Buch mit allen Grundstufen-Übungen des Autogenen Trainings in drei bis sechs Wochen kennenlernen kann. Sie werden feststellen, daß der Klangteppich mit jedem Zwergelinchen-Märchen um eine Übung und somit eine »Klangqualität« länger wird.

Lesen Sie Ihrem Kind an den Tagen zwischen den Zwergelinchen-Entspannungsmärchen andere Geschichten vor, an deren Anfang oder Ende Sie - als festes Ritual - das Autogene Training (so weit Sie es bereits kennengelernt haben) gemeinsam üben.
Spielen Sie während dieser »Übungsphase des Autogenen Trainings« immer den für Sie aktuellen Klangteppich ab! *(Den Hinweis, welcher Klangteppich und welche Formeln für Sie zum Üben aktuell sind, finden Sie immer am Ende eines jeden Märchens.)*

Sprechen Sie die Entspannungsformeln, die Sie kursiv gedruckt in diesem Buch finden, wann immer Sie sie anwenden, ruhig und langsam.

Stellen Sie sich dabei immer vor, daß Sie einen Menschen zu tiefer Ruhe und Entspannung führen möchten. *(Halten Sie die zwischen den Formeln vermerkten fünf Sekunden Pause ein.)*

Sie werden merken, daß Sie im Laufe der Zeit allein durch das konzentrierte Vorlesen der Übungs-Formeln in einen wunderbaren Zustand der Entspannung gelangen können.
Vergessen Sie nach der Geschichte - sofern sie nicht als Gute-Nacht-Geschichte vorgelesen wird - nicht die Katzenübung (Rücknahme).

Beim Lesen der Märchen sollten Sie die Reihenfolge zunächst beibehalten, da alle Übungen inhaltlich aufeinander aufbauen. Später dann, wenn Sie und Ihr Kind das Autogene Training schon komplett kennen, können Sie die Märchen in der Reihenfolge lesen, wie es sich Ihr Kind wünscht. Erfahrungsgemäß entwickeln sich im Laufe der Zeit ein bis zwei Märchen zu den absoluten Lieblingsmärchen der Kinder.

Und auch wenn es Sie vielleicht zu langweilen beginnt: Tun Sie Ihrem Kind den Gefallen, ein bestimmtes Märchen wieder und wieder zu lesen. Kinder lieben Rituale und schätzen die beruhigende Wirkung von Wiederholungen.

(Dennoch vergessen Sie bitte nicht: Sobald Sie und Ihr Kind die kompletten in diesem Buch vorhandenen Übungen des Autogenen Trainings kennen, sollten Sie aus Übungsgründen so oft wie möglich den vollständigen Klangteppich (Track 9), nutzen, wenn Sie Geschichten vorlesen.)

Die Zwergelinchen-Märchen als Gute-Nacht-Geschichten

Sie können die Märchen als Entspannungmärchen tagsüber oder auch als Gute-Nacht-Geschichte vor dem Zubettgehen vorlesen. Wenn Sie sich für die zweite Variante entscheiden, dann beenden Sie das Märchen an der Stelle, an der Sie schwarz umrahmt den entsprechenden Hinweis innerhalb des Textes sehen. Auf diese Art lassen Sie die Katzenübung einfach weg.

Wie gesagt: Die Katzenübung (Rücknahme) ist ganz wichtig, um nach einer Entspannungsübung wieder das volle Tagesbewußtsein zu erlangen und hellwach zu werden.
Das ist natürlich nicht notwendig, wenn Ihr Kind nach der Geschichte einschlafen soll. Man hat übrigens mit dem Autogenen Training, wenn es vor dem Einschlafen angewendet wird, hervorragende Ergebnisse bei Einschlaf- und Durchschlafstörungen erzielt - sowohl bei Kindern als auch bei Erwachsenen.

An was sollten Sie denken, bevor Sie mit dem Vorlesen beginnen?

Lesen Sie sich die Geschichte vorher einmal aufmerksam durch, damit Sie mit dem Inhalt vertraut sind. Sorgen Sie für eine ruhige Atmosphäre, in der Sie ungestört sind. Ziehen Sie den Telefonstecker aus der Wand und erklären Sie den anderen Familienmitgliedern, daß Sie und Ihr Kind in der Zeit der Entspannung nicht ansprechbar sind. Manche meiner Entspannungskinder haben sich ein »Bitte nicht stören!«-Schild gemalt, das Sie während ihrer Übungen außen an der Zimmertür anbringen.

Wenn Sie die Märchen nicht zum Einschlafen vorlesen, dann legen Sie für Ihr Kind eine Kuscheldecke und ein Kopfkissen parat. Denken Sie vor jedem Märchen an die Musik, und programmieren Sie, wenn Ihr Abspielgerät eine entsprechende Funktion hat, schon den zum jeweiligen Märchen zugehörigen Track ein. *(Die Angaben zum Soundtrack finden Sie immer bei dem Titel eines jeden Märchens.)*

Vielleicht gibt es auch das ein oder andere vor oder nach dem Märchen miteinander zu erzählen oder zu besprechen. Nehmen Sie sich die Zeit für Ihr Kind und für sich und versuchen Sie selbst zur Ruhe zu kommen und vom Alltag abzuschalten. Denken Sie daran: Sie schenken nun nicht nur Ihrem Kind Zeit und Aufmerksamkeit, sondern auch sich selbst.

Was gibt es beim Autogenen Training zu beachten?

Unabhängig von den Märchen sollten Sie einige Grundregeln immer beibehalten: Beginnen Sie mit der Ruhe-Übung (in den Märchen die »Zauberformel« genannt) und schließen Sie dann die Schwere- und nachfolgend die Wärme-Übung an. Alle anderen Übungen können Sie später - wenn Sie die komplette Übungsabfolge bereits kennengelernt haben - ganz nach Ihren Bedürfnissen variieren und anschließen.

Die Wirkung der Formeln des Autogenen Trainings setzt besonders gut ein, wenn Sie sie Ihrem Kind mit ruhiger Stimme langsam und bewußt vorlesen. Erklären Sie Ihrem Kind vor jedem Märchen, daß es sich die Geschichte und ganz besonders den Übungsteil so genau wie möglich vorstellen soll.
Sollten Sie für sich alleine üben, schließen Sie Ihre Augen und sprechen Sie sich die Formeln einfach innerlich vor. Und denken Sie daran: Beenden Sie Ihre Übungsphase stets mit der Rücknahme bzw. der Katzenübung.

Kann ich etwas beim Autogenen Training falsch machen?

Wenn Sie sich an die Übungsformeln und Texte, die Sie in diesem Buch finden, halten, können Sie sicher sein, daß Sie beim Erlernen des Autogenen Trainings keine Fehler machen. Benutzen Sie die Formeln einfach so, wie sie hier abgedruckt sind.

Sie müssen auch keine Angst haben, daß Sie oder Ihr Kind aus dem Entspannungszustand nicht mehr herausfinden. Dafür lernen Sie von Anfang an die Rücknahme. Bis jetzt ist durch das Autogene Training noch kein Mensch in einem Entspannungszustand geblieben, den er nicht wollte.

Und sollten Sie bzw. Ihr Kind sich nach der Katzenübung immer noch ein wenig benommen oder verschlafen fühlen, so machen Sie mit ihm gemeinsam ein paar gymnastische Übungen: Machen Sie ein paarmal mit den Händen eine Faust auf und zu und hüpfen Sie ein paarmal auf der Stelle.

Welche Körperhaltung sollte man beim Autogenen Training einnehmen?

In meinen Kursen beginnen wir mit dem Einüben des Autogenen Trainings meist im Liegen. Das ist nach meiner Erfahrung für Kinder und die meisten Erwachsenen zunächst einmal einfacher als im Sitzen.

Doch für die Integration des Autogenen Trainings in den Alltag ist es sehr sinnvoll, die Übungen auch im Sitzen zu beherrschen. Denken Sie zum Beispiel an einen Besuch beim Zahnarzt oder eine Prüfungssituation, in der es einfach nicht möglich wäre, sich hinzulegen und die Augen zu schließen, um zu entspannen.

Aus diesem Grund übe ich in meinen Kursen mit Kindern bereits in der dritten oder vierten Stunde das Autogene Training im Sitzen, später sogar mit geöffneten Augen. Das funktioniert nach einiger Übungszeit ganz hervorragend.

Was ist, wenn mein Kind seine Augen nicht schliessen möchte?

Viele Kinder haben Angst davor, die Augen »einfach so« zu schließen. Trotzdem ist es für Anfänger am einfachsten, das Autogene Training mit geschlossenen Augen zu lernen. Deshalb sollten Sie während der Vorlesezeit dafür sorgen, daß Ihr Kind sich ganz sicher und behütet fühlt.

Reden Sie mit Ihrem Kind über seine Ängste, die Augen zu schließen, denn die Augen zu schließen heißt in diesem Zusammenhang für Ihr Kind nichts anderes als: »Ich begebe mich ganz und gar in Deine Obhut in dem sicheren Vertrauen, daß mir nichts passiert. Denn mit geschlossenen Augen kann ich nicht mehr kontrollieren, was um mich herum geschieht. Und das ist nur dann okay, wenn Du mir Sicherheit gibst.«

Manche Kinder sind auch einfach zu nervös, um die Augen über einen längeren Zeitraum geschlossen zu halten. In diesem Fall wirkt ein Tuch, mit dem die Augen verbunden werden oder eine Augenmaske aus Pappe, die mit einem dünnen Gummi um den Kopf gebunden wird, manchmal wahre Wunder.

Aber auch hier gilt: Reden Sie mit Ihrem Kind über das Augenschließen. Der Einsatz eines Tuches oder einer Augenmaske ist nur dann okay, wenn Ihr Kind damit einverstanden ist.

Sollte dennoch nichts helfen, dann bitten Sie Ihr Kind mit geöffneten Augen den Geschichten aufmerksam zuzuhören und die Augen nur während der Übungsphase des Autogenen Trainings zu schließen.

Nun, lieber Leser,
Sie werden selbst bald feststellen, daß sich das Autogene Training mit etwas Geduld ganz leicht erlernen läßt und eine wahre Wohltat für Eltern und ihre Kinder ist.

Ich wünsche Ihnen und Ihrem Kind viel Spaß und gutes Gelingen.

Frankfurt am Main, August 1998 — Tanja Strohm

2. Die Zwergelinchen-Märchen

Zwergelinchen ... und die Zauberformeln

Hallo, Menschenkind, kannst Du mich hören? Ja, Du, Dich meine ich. Ach so, entschuldige. Ich habe mich noch gar nicht vorgestellt. Mein Name ist Zwergelinchen, und ich werde Dich auf deiner Reise in das Land der Entspannung begleiten.

Es ist ganz leicht, dorthin zu kommen. Man muß dabei nur still und ruhig sein. Meinst Du, Du schaffst das? Komm, wir probieren es einfach mal gemeinsam aus. Du wirst sehen, im Land der Entspannung kann man phantastische Dinge erleben.
Aber vorher solltest Du noch etwas wissen. Alles, was wir gemeinsam erleben werden, alles, was wir dort sehen, all die wunderbaren, klugen und lustigen Wesen, die wir dort kennenlernen werden, sie werden Dir sehr vertraut sein, so wie gute Freunde, die Du schon ganz lange kennst. Und weißt Du, warum das so ist?
Das liegt daran, daß all die Wesen im Land der Entspannung eigentlich in Dir selbst leben. Auch wenn Du es jetzt noch nicht weißt: Du trägst in Dir einen großen Schatz, der unendlich groß ist, aus dem Du Dein Leben lang schöpfen kannst. Und wir beide, wir werden diesen Schatz in Dir auf unserer gemeinsamen Reise entdecken.

Hoppla, so schnell geht das. Während ich Dir so viel erzählt habe, sind wir bereits auf dem Weg zu unserem ersten Abenteuer im Land der Entspannung. Und weißt Du was? Am besten kommen wir dorthin, wenn Du Dich jetzt einfach auf den Rücken legst und Dich in eine schöne mollig warme Decke kuschelst und es Dir ganz bequem machst. -
- Ja, genau so. Vielleicht magst Du Dich auch noch einmal richtig räkeln und strecken, wie es die Katzen machen, bevor sie sich genüßlich auf ihrem Lieblingsplatz niederlassen.

Du Menschenkind, damit sich das große goldene Tor zum Land der Entspannung öffnet und man uns hereinläßt, mußt Du unbedingt die drei Zauberformeln kennen. Und die gehen so:

Zauberformel 1:	*Lege Dich ganz bequem auf den Rücken - so, wie wir es eben gemacht haben.*
Zauberformel 2:	*Schließe Deine Augen, liebes Menschenkind, und*
Zauberformel 3:	*Sprich mir innerlich nach: »Ich bin ganz ruhig«.*

Weißt Du, wie das geht, etwas innerlich nachzusprechen? So, als ob Du ohne die Lippen zu bewegen und ohne einen Mucks von Dir zu geben, etwas zu Dir selbst sagst:

Ich bin ganz ruhig.

Diese drei Zauberformeln darfst Du ab jetzt nicht mehr vergessen. Okay? Also ich flüstere sie Dir noch einmal ist Ohr und sprichst sie leise mit, okay?

Zauberformel Nummer 1 ist ...?
Ich lege mich ganz bequem auf den Rücken.

Zauberformel Nummer 2 ist ...?
Ich schließe meine Augen und

Zauberformel Nummer 3 ist ...?
Ich bin ganz ruhig.

Alles capito? Gut, dann kann's ja losgehen.

Die Reise durch deinen Körper

Jetzt kuschelst Du Dich immer wohliger in Deine warme Decke und atmest tief in den Bauch ein - und wieder aus. Und dann merkst Du allmählich, daß Du ganz ruhig und entspannt auf einer schönen Sommerwiese liegst. Über Dir ziehen ein paar kleine weiße Wölkchen und Du fühlst Dich sehr wohl. Richtig schön ist das. Vielleicht hörst Du sogar das Zwitschern der Vögel und riechst den frischen Duft des Grases und der Wiesenblumen.

Langsam, ganz weit in der Ferne hörst Du ein leichtes Brummen. Was ist das? Es kommt näher und näher und plötzlich kannst Du über Dir ein gläsernes Ufo entdecken, das in der Sonne glänzt.
He, Menschenkind, kannst Du sehen, daß Dir jemand aus dem Ufo zuwinkt? Ich bin's, Zwergelinchen. Ich werde gleich neben Dir landen.
Jetzt ... Huch, wie das schaukelt! Hoppla. Da bin ich!

Komm, wir machen zusammen eine Reise durch Deinen eigenen Körper. Nimm einfach eines der Zauberbonbons, die ich mitgebracht habe, in den Mund und peng! Schon bist Du kleiner als 'ne Maus und sitzt neben mir am Steuer meiner »Fliegenden Untertasse«. Willkommen an Bord!

Und vor uns, wenn Du aus dem Fenster schaust, siehst Du Dich selbst auf der Wiese liegen und schlafen. Ganz sanft und leise hebt sich das gläserne Ufo in die Luft empor und fliegt durch Dein linkes Nasenloch in Deinen Körper hinein. Vielleicht spürst Du sogar, wie beim Einatmen die kühle Luft durch Deine Nasenlöcher hineinströmt und beim Ausatmen warme Luft wieder hinausfließt. Und mit dem nächsten Einatmen fliegt das Ufo mitten in Deinen Kopf hinein. Jetzt sind wir im Gehirn, der Denkzentrale Deines Körpers.

Kleine Lichtchen sausen superschnell an uns vorbei. Das sind die Gedanken, die durch unser Gehirn flitzen, damit wir hören, sprechen und lernen können. Die meisten Lichtchen sind schöne Gedanken, manchmal sind aber auch nicht so schöne oder gar wütende Gedanken dabei, und sehr oft sind sie lustig und fröhlich.

Wir schauen den sausenden Lichtchen noch eine Weile zu, dann schweben wir hinunter in Deinen Mund. Wir fliegen in einer scharfen Kurve an den Zähnen vorbei und weiter runter durch die Speiseröhre in den Magen, in dem sich alles sammelt, was wir den Tag über essen, um hier verdaut zu werden.
Schau mal, da ist ja noch ein Stückchen Brot zu sehen und da ein Käsekrümel, der gerade zerkleinert wird. Hier blubbert und brodelt es ganz doll, schließlich muß ja alles, was wir gegessen haben, im Magen in ganz kleine Teilchen zerlegt werden, damit es dann durch die Därme weiter transportiert werden kann.

Komm, wir fliegen mit unserem gläsernen Ufo auch in den Darm hinein. Wie in der Achterbahn sausen wir durch die vielen Kurven und Windungen Deines Darmes. Hoch und runter, noch 'ne Rechtskurve, dann fliegen wir aus dem Darm hinaus mitten in eine Deiner Blutadern hinein. Hoppla, merkst Du's? Das ist wie Schweben. Und wie das rauscht!
Das sind die roten Blutkörperchen, die durch die Blutbahnen flitzen und wie klitzekleine Eimerchen alles Mögliche durch Deinen Körper transportieren. Komm, wir landen unser Ufo auf einem dieser Blutkörperchen und lassen uns durch die Blutgefäße hinunter gleiten in Richtung Füße.
Ups, das wird aber auf einmal hell. Wir können ja plötzlich wieder nach draußen schauen, wie durch eine riesengroße, milchige Glasscheibe.

Weißt Du, wo wir jetzt sind? Rate mal. Na, weißt Du's? Wir sind direkt unter dem Fußnagel Deines rechten großen Zehs angekommen. Witzig, was? Komm, wir schauen ein bißchen raus. Wußtest Du, daß man durch Fußnägel so gut durchgucken kann?
Das ist sozusagen ein Fußnagelfenster, hinter dem wir hier stehen.
Hihi, lustiges Wort: »Fußnagelfenster«, hihi.

Komm, gehen wir wieder in die Blutbahn. Wir fliegen an den Muskeln vorbei, zurück in den Bauch. Und weiter hinauf in die Lunge, durch die bei jedem Ein- und bei jedem Ausatmen jede Menge Luft fließt. Meine Güte, ist das ein Wind hier, gerade so, als ob unser gläsernes Ufo durch einen Herbststurm fliegen müßte. Halt Dich gut fest, denn jetzt geht's los. Wir schalten sofort die Superflitze-Maschinen unseres Ufos an und fliegen einfach auf die andere Seite in die nächste Blutbahn hinein.

Aber was ist denn das? Hörst Du es auch klopfen? Es kommt immer näher und näher. Da, schau, da vorne, das ist es: Das ist Dein Herz. Dein Herz schlägt ganz ruhig und gleichmäßig. Es hat vier Kammern und all das Blut, das sich in Deinem Körper befindet, wird hier immer wieder durchgepumpt, damit es von den Füßen den ganzen Weg hinauf bis zum Kopf fließen kann und wieder zurück. Komm, wir nehmen wieder ein rotes Blutkörperchen und fahren wieder mit. Diesmal geht es zu Deinen Armen. Du hörst Deinen Herzschlag nur noch ganz entfernt. Wir fahren weiter bis in die einzelnen Finger hinein, bis in die Fingerspitzen. Und jetzt, liebes Menschenkind, darfst Du, wenn Du Lust hast, das Ufo selbst lenken und überall dahin fliegen, wo Du noch etwas sehen möchtest, was Dich interessiert.

Huah, ich mache derweil ein kleines Nickerchen und lasse mich von Dir einfach fahren.

Bis später.

Liebe Eltern, lassen Sie an dieser Stelle Ihr Kind - wenn es möchte - eine eigene Phantasiereise mit geschlossenen Augen machen und fahren Sie erst dann mit dem Text fort, wenn Ihr Kind dazu bereit ist.
Sie können sich mit Ihrem Kind während dieser Phase durchaus unterhalten und es berichten lassen, was es sieht und erlebt.
So merken Sie auch am besten, wann Ihr Kind bereit ist, mit der Geschichte fortzufahren.

Na Menschenkind, hast Du noch viele spannende Dinge gesehen? Dann laß uns wieder Kurs auf den Kopf nehmen. Wir fliegen an vielen Muskeln und Adern entlang, bis wir wieder im Mund angekommen sind, und mit einer großen Kurve an den Zähnen vorbei gelangen wir zurück ins Freie.

War das nicht eine tolle Reise? Spuck jetzt einfach das Zauberbonbon wieder aus und puff! schon bist Du wieder menschenkind-groß und liegst gemütlich auf der grünen Sommerwiese.
Du warst echt ein toller Ufo-Pilot. Und weißt Du was? Ab jetzt kannst Du - wann immer Du Lust hast - die Reise durch Deinen Körper selbst wiederholen.

So, liebes Menschenkind, ich muß jetzt gleich gehen. Aber vorher machen wir noch gemeinsam die Katzenübung, damit Du wieder richtig wach und fit wirst. Mach einfach mit:

1 *Ich recke und strecke mich wie eine Katze, die gerade auf ihrem Lieblingsplatz aufwacht und alle Viere von sich streckt.*
2 *Die Katze gähnt herzhaft - huah -*
3 *und öffnet ihre Augen.*

Na? Bist Du wieder wach, liebes Menschenkind? Mit dieser Übung werden wir ab jetzt jedes unserer gemeinsamen Abenteuer abschließen.

Also dann. Zwergelinchen sagt tschüs, und wann immer Du Lust hast, mich zu sehen, dann ruf einfach nach mir.

Die Erdfee (Schwere-Übung-Track 2 auf CD/MC)

Hallo Menschenkind, ich bin's, Zwergelinchen. Heute möchte ich wieder in das Land der Entspannung reisen und ich wollte Dich fragen, ob Du Lust hast, mitzukommen. Die Körperreise war ja erst der Anfang. Es warten nämlich noch ganz viele Abenteuer auf uns. Und Du wirst merken, bei jedem unserer Abenteuer wirst Du immer noch ein bißchen ruhiger und entspannter. Eigentlich mußt Du gar nicht so viel dafür tun. Es genügt schon, wenn Du Dich einfach in Deine Kuscheldecke einkuschelst und mit mir auf die Reise gehst.

Alles klar? Na, dann mach's Dir gemütlich und sprich innerlich die drei Zauberformeln mit mir mit:

1. *Ich lege mich ganz bequem auf den Rücken.*
2. *Ich schließe meine Augen. Und*
3. *ich bin ganz ruhig.*

Vor Dir öffnet sich das große goldene Tor zum Kuschelland ...

Du siehst Dich selbst durch einen sonnendurchfluteten Wald spazieren. Neben Dir fließt ein kleiner, rauschender Bach den Weg entlang. Ab und zu sammelt sich vor Deinen Schuhen ein kleiner Laubhügel, den Du voller Vergnügen vor Dir herkickst. Am Wegesrand liegt ein langer dünner Ast, den Du aufhebst und mit dem Du eine Spur hinter Dir in den Boden malst. Richtig schön ist es hier, denn dieser Wald ist sehr hell und freundlich. Aber noch wohler wäre es Dir, wenn Du hier nicht so ganz alleine wärst. Ja, sag mal, Menschenkind, hast Du mich denn noch gar nicht bemerkt? Schau doch mal neben Dir in den Bach. Siehst Du mich jetzt immer noch nicht?

Und da, plötzlich bemerkst Du, daß Dich schon die ganze Zeit ein Laubblatt begleitet, das auf dem Bach wie ein kleines Boot neben Dir herschwimmt. Und wer sitzt wohl oben drauf und läßt die Füße ins Wasser baumeln?

Ja, ich, Zwergelinchen. Komm, hol mich raus aus dem Wasser, mir ist schon ganz kalt. Hubs! Vielen Dank. Sag mal, darf ich in Deine Jackentasche klettern und mich ein bißchen aufwärmen? Bitte! Ich weiß doch, wie kuschelig und warm es in deiner Jackentasche ist. Komm, leg Dich doch auch einen Moment hin und ruh Dich aus. Das Laub ist ganz weich und warm von der Sonne, und man kann sich prima darin einbuddeln.

Gesagt, getan. Und gerade, als Du die Augen schließt, um ein bißchen vor Dich hin zu träumen, hörst Du ein Rascheln im Laub. Nein, Menschenkind, laß die Augen geschlossen und hör genau hin. Manchmal muß man die Augen schließen, um wirklich zu sehen. Und in diesem Moment beginnt um Dich herum das Leben im Wald. Von den Bäumen springen lauter kleine dickbäuchige Waldwichtel auf den Weg herunter, und die sprechenden Steine kullern die Hügel herab und rufen: »He, Waldelfen, wo seid Ihr? Schnell, schnell, die Erdfee kommt!« - »Was, die Erdfee? Jetzt schon?«, krächzt ein Wurzelzwerg, der sich gerade noch die Erde von den Schultern und Armen abklopft. »Ach Du liebe Zeit. Ich bin ja noch gar nicht fertig mit meiner Arbeit.«

Auf einmal merkst Du, wie sich neben Dir ein Laubhügel auftürmt und immer weiter in die Höhe wächst. Gerade, als Du einen roten Haarschopf oben herausschauen siehst, huschen die blauen Waldelfen in ihren durchsichtigen Schleiergewändern an Dir vorüber. Schnell stellen sie sich um Dich und den Laubhügel herum in einem Kreis auf: »Hallo, verehrte Erdfee!«, rufen sie gemeinsam mit den sprechenden Steinen und den Waldwichteln im Chor. »Seid gegrüßt, meine Lieben«, antwortet die Erdfee. Denn da erscheint sie in voller Pracht: Sie trägt ein grünes Kleid, auf dem Goldstaub glitzert, und ihre roten Haaren, in die Blätter eingeflochten sind, fallen in weichen Locken bis auf den Waldboden. »Schön, daß Ihr alle da seid. Ich freue mich immer, Euch zu sehen, aber eigentlich bin ich gar nicht wegen Euch gekommen.« »Nein?« ruft ein sehr kleiner sprechender Stein ganz enttäuscht. »Nein, meine Lieben. Ich bin gekommen, um unser Menschenkind im Land der Entspannung zu begrüßen und ihm die wichtigste und erste Übung aus unserem Kuschelland zu zeigen.«
»Ja, ja, die Schwere-Übung!« ruft der kleine Stein. »Pst, nicht so vorlaut«, zischt einer der Waldwichtel zu ihm herüber. »Ja, genau die Schwere-Übung«, antwortet die Erdfee.

»Liebes Menschenkind, wir sind ein sehr friedliches und freundliches Volk und Du bist uns hier immer sehr willkommen. Mach es Dir nur recht bequem bei uns. Und damit Du die Übung ganz leicht lernst, habe ich Dir meinen Zauberstab mitgebracht.« - »Der Zauberstab«, ruft der kleine Stein wieder dazwischen, »das ist ja genau der, mit dem die Erdfee die Tiere in unserem Wald in den Winterschlaf versetzt und im Frühling wieder aufweckt!« - »Halt jetzt die Klappe«, zischt der Waldwichtel in einem noch schärferen Ton zurück. »Ja genau, meine Lieben«, antwortet die Erdfee, »aber bei den Menschen hat der Zauberstab eine etwas andere Wirkung. Er läßt sie nicht einschlafen, sondern macht ihre Arme, Beine und den ganzen Körper einfach nur sehr schwer und entspannt, so daß sie sich fühlen wie ein großer, zufriedener Stein. Aber was erzähle ich denn, Ihr kennt die Übung doch selbst. Und wenn Ihr Lust habt, dann legt Euch einfach zu unserem Menschenkind dazu und macht die Übung mit.«

Und schwupps liegen alle Elfen, Wurzelzwerge und Waldwichtel um Dich herum verteilt auf dem Boden. Der kleine sprechende Stein kuschelt sich ganz fest an Dich und flüstert Dir ins Ohr: »Duhu, Menschenkind, Du mußt wissen: Die Erdfee lebt in einer türkisblauen Tropfsteinhöhle ganz tief unten im Erdboden, und ...« - »Du kleiner Quasselstein«, unterbricht die Erdfee, »laß uns jetzt endlich mit der Übung anfangen. Und Dich, liebes Menschenkind, werde ich jetzt mit meinem Zauberstab berühren. Sprich mir die folgenden Sätze dabei einfach innerlich nach und vergiß nicht, Deine Augen zu schließen.

Mein linker Arm ist ganz schwer.
(5 Sekunden Pause)

Meine beiden Beine sind ganz schwer.
(5 Sekunden Pause)
Meine beiden Beine sind ganz schwer.
(5 Sekunden Pause)

Ich bin ganz schwer.
(5 Sekunden Pause)
Ich bin ganz schwer.
(5 Sekunden Pause)

Ich bin ganz ruhig, und ich fühle mich sehr wohl.
(5 Sekunden Pause)

Ja, liebes Menschenkind, das ist die erste Übung aus dem Land der Entspannung, das wir - wie Du jetzt sicher verstehen wirst - auch liebevoll das Kuschelland nennen. Ruhe Dich ruhig noch ein bißchen aus. Ich bleibe eine Weile neben Dir sitzen und höre gemeinsam mit Dir den Geräuschen des Waldes und der Musik zu.

Lassen Sie die Musik an dieser Stelle einfach so lange weiterlaufen, wie es Ihrem Kind guttut. Drehen Sie die Musik langsam aus, wenn Sie mit dem Text fortfahren wollen. Wenn Sie die Geschichte als »Gute-Nacht-Geschichte« nutzen möchten, dann löschen Sie jetzt bitte das Licht und beenden Sie das Märchen an dieser Stelle!

Psst, he Menschenkind! Ich bin's, Zwergelinchen. Alle sind schon weg, nur wir beide sind noch hier. Wir müssen jetzt langsam wieder zurück. Weißt Du noch, wie das geht? Ja? Wir können von jeder Reise einfach zurückkommen, indem wir wieder richtig wach werden. Und das geht am besten mit der Katzenübung. Komm, mach mit:

1. *Die Katze reckt sich und streckt sich wie morgens beim Aufwachen und streckt alle Viere von sich.*
2. *Sie gähnt herzhaft und*
3. *öffnet ihre Augen.*

Na, aufgewacht, liebes Menschenkind? Dann wünsche ich Dir eine schöne Zeit bis zu unserem nächsten Treffen. Zwergelinchen sagt tschüs für heute und macht sich auf den Heimweg.

Was Sie und Ihr Kind bis heute gelernt haben, können Sie auf der nächsten Seite sehen. Bitte machen Sie aber diese Übungen heute nicht mehr, sondern erst ab morgen.

Bis jetzt kennen Sie und Ihr Kind schon folgende Formeln beziehungsweise Übung:

SCHWERE-ÜBUNG (TRACK 3 AUF CD/MC)

Bitte beginnen Sie mit der Übung:

1 *Ich lege mich ganz bequem hin.*
2 *Ich schließe meine Augen.*
3 *Ich bin ganz ruhig.*

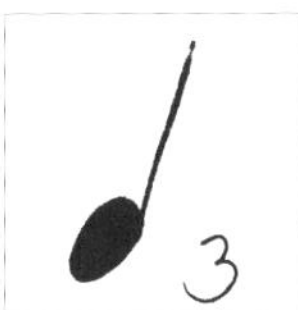

Meine beiden Arme sind ganz schwer.
(5 Sekunden Pause)
Meine beiden Arme sind ganz schwer.
(5 Sekunden Pause)

Meine beiden Beine sind ganz schwer.
(5 Sekunden Pause)
Meine beiden Beine sind ganz schwer.
(5 Sekunden Pause)

Ich bin ganz schwer.
(5 Sekunden Pause)
Ich bin ganz schwer.
(5 Sekunden Pause)

Bitte stellen Sie nun die Musik ab - der Klangteppich ist hier zu Ende - und machen Sie jetzt die Katzenübung (Rücknahme).

1 *Die Katze reckt sich und streckt sich*
2 *Sie gähnt herzhaft*
3 *öffnet ihre Augen.*

Üben Sie diese Übungen des Autogenen Trainings mindestens einmal pro Tag mit Ihrem Kind, bis Sie in etwa drei bis fünf Tagen das nachfolgende Zwergelinchen-Märchen, »Die Kinder der Sonne«, vorlesen.

Die Kinder der Sonne (Wärme-Übung) - Track 3 auf CD/MC

Brrrrr. Puh, ist das naß draußen. Und jetzt schau Dir nur meine Zwergenstiefelchen an, völlig durchgeweicht. Ich kann solche Tage nicht leiden. Was für ein scheußliches Wetter! Der Himmel ist grau, und es regnet wie aus Gießkannen.
Also weißt Du, liebes Menschenkind, wenn Du nicht wärst, dann wäre ich heute erst gar nicht aus meinem Zwergelinchenhaus herausgekommen, dann hätte ich mich mit einer großen Tasse Schokolade und vielen Schokoküssen auf den Dachboden verkrochen und alte Bücher ausgekramt. Aber ich kann mir vorstellen, daß Dir solche grauen Regentage mindestens genauso auf die Nerven gehen wie mir. Naja, und da habe ich gedacht, ich kann mein Menschenkind an so einem scheußlichen Tag nicht im Stich lassen. Außerdem weißt Du ja gar nicht, wo ich wohne, Du hättest mich nicht mal besuchen können!

So, jetzt aber genug. Schließlich bin ich gekommen, um mit Dir eine Reise zu machen, und wie Du gleich merken wirst, ist diese Reise ins Kuschelland gerade an Regentagen besonders toll.
Also räkel und streck Dich ein bißchen wie die Katze, die es sich auf ihrem Lieblingsplatz bequem macht, kuschle Dich in Deine Decke hinein, und während Du die drei Zauberformeln innerlich mit mir mitsprichst, werde ich Deine Unterlage, auf der Du gerade liegst, in ein »Kuschelmobil« verwandeln. Mit diesem Kuschelmobil werden wir wie in einem fahrenden Bett, das natürlich auch fliegen kann, völlig geschützt vor Regen und Kälte zu unserem Ziel gelangen.

Jetzt aber erst mal die Zauberformeln:

1 *Ich lege mich ganz bequem auf den Rücken.*
2 *Ich schließe meine Augen.*
3 *Ich bin ganz ruhig.*

Vor uns öffnet sich das große goldene Tor zum Kuschelland ...

Meine beiden Arme sind ganz schwer.
(5 Sekunden Pause)
Meine beiden Arme sind ganz schwer.
(5 Sekunden Pause)

Meine beiden Beine sind ganz schwer.
(5 Sekunden Pause)
Meine beiden Beine sind ganz schwer.
(5 Sekunden Pause)

Ich bin ganz schwer.
(5 Sekunden Pause)
Ich bin ganz schwer.
(5 Sekunden Pause)
Ich bin ganz ruhig und fühle mich sehr wohl.
(5 Sekunden Pause)

Wir fliegen mit unserem Kuschelmobil direkt auf die Wolken zu. Huch, um uns herum sieht auf einmal alles aus wie aus Watte. Man kann überhaupt nichts mehr sehen außer dickem, weißen Nebel. Nebel, Watte, Nebel! - Aber das macht nichts, Menschenkind. Unser Kuschelmobil ist flitzeschnell und Du weißt ja, hinter den Wolken wartet ein großes Geheimnis auf Dich. Siehst Du, die Wolken liegen unter uns wie große weiße Berge unter einem schönen blauen Himmel.

Spürst Du, wie es langsam wärmer und wärmer wird? Jetzt müßten wir eigentlich gleich da sein. Warte noch einen kleinen Moment ... Ja, da ist er, in strahlender Schönheit: der Palast der Frau Sonne! Alles um uns herum ist in goldenes Licht getaucht. Es duftet nach Orangen- und Zitronenbäumen, und durch die langen Gänge des Palastes weht ein leichter Wind, der auch die großen, orange- und goldfarbenen Tücher an den Fenstern und Türen zum Schwingen bringt.

Hinter einem dieser goldroten Vorhänge befindet sich ein riesiger Saal. Darin steht ein goldfarbenes Wasserbecken, in dem die Luftblasen tanzen. Nein, Menschenkind, das ist kein Schwimmbad. Das ist der Schatz des Sonnenpalastes, denn Wasser ist hier sehr knapp. Frau Sonne ist immer auf der Suche nach Regenpfützen auf der Erde, die sie austrocknen kann. Und einen kleinen Teil dieses Regenwassers sammelt sie hier in ihrem Palast für ihre Kinder, die Sonnenstrahlen, denn die sind durch die Wärme, die hier herrscht, meistens ziemlich durstig.

Wo die Sonnenstrahlen jetzt sind, möchtest Du wissen? Sie halten gerade ein Mittagsschläfchen, denn heute gibt es ausnahmsweise nichts für sie zu tun. Du weißt ja, auf der Erde ist gerade schmuddeliges Regenwetter. Deshalb ist es heute ganz still im Palast. Aber normalerweise ist hier ein riesiges Durcheinander. Die Sonnenstrahlen toben herum und spielen Fangen oder laufen aus dem Palast heraus. Dann verstecken sie sich hinter irgendwelchen Gegenständen und malen große dunkle Schatten auf den Boden.
Vielleicht hast Du noch gar nicht gemerkt, Menschenkind, daß die Kinder der Frau Sonne auch ganz oft mit Dir Verstecken spielen? Zunächst ganz unbemerkt, aber dann, spätestens nach ein paar Sekunden, siehst Du es: Neben Dir, hinter Dir, vielleicht sogar vor Dir erscheint Dein eigener Schatten. Und die Sonnenstrahlen sitzen in ihrem Versteck und kichern und warten darauf, daß Du sie findest.
Aber die Sonnenstrahlen findest Du ganz leicht, denn alles, wohinter sie sich verstecken, aber auch wirklich alles, wird wohlig, sonnig warm. Kennst Du dieses Gefühl, wenn einem die Sonnenstrahlen den Rücken wärmen?

Du, Menschenkind, ich glaube, wir haben die Sonnenstrahlen durch unser Gequassel geweckt, denn da seh' ich schon einen ganz kleinen, vorwitzigen Sonnenstrahl, der kichernd und glucksend vom Himmel auf Dich herunterpurzelt und auf Deinem rechten Arm landet. Kannst Du das spüren? Schau, da kommen schon die anderen Sonnenstrahlen hinterhergelaufen. Sie wollen auch mit Dir spielen. Und da noch einer und noch einer! Sie landen auf Deinen Armen und Beinen, auf Deinem ganzen Körper und sprechen dazu:

Mein rechter Arm ist sonnig warm.
(5 Sekunden Pause)
Mein linker Arm ist sonnig warm.
(5 Sekunden Pause)

Meine beiden Beine sind sonnig warm.
(5 Sekunden Pause)
Meine beiden Beine sind sonnig warm.
(5 Sekunden Pause)

Ich bin sonnig warm.
(5 Sekunden Pause)
Ich bin sonnig warm.
(5 Sekunden Pause)
Ich bin ganz ruhig und fühle mich sehr wohl.
(5 Sekunden Pause)

Und nun, liebes Menschenkind, hör die Musik und träum ein bißchen vor Dich hin, von den Sonnenstrahlen und ihrem Palast oder von was immer Du auch träumen möchtest.

> *Lassen Sie die Musik an dieser Stelle einfach so lange weiterlaufen, wie es Ihrem Kind guttut. Drehen Sie die Musik langsam aus, wenn Sie mit dem Text fortfahren wollen. Wenn Sie die Geschichte als »Gute-Nacht-Geschichte« nutzen möchten, dann löschen Sie jetzt bitte das Licht und beenden Sie das Märchen an dieser Stelle!*

He, Duhu? Bist Du noch da? Während Du so schöne Träume hattest, habe ich unser »Kuschelmobil« wieder auf die Erde zurückgesteuert. Hast Du gar nicht gemerkt, stimmt's? Du siehst ja auch noch ganz verschlafen aus. Komm, wir machen die Katzenübung, damit Du wieder richtig wach wirst:

1. *Die Katze reckt sich und streckt sich.*
2. *Sie gähnt herzhaft - huah - und*
3. *öffnet ihre Augen.*

Na? Bist Du wieder wach, Menschenkind? Jetzt kennst Du schon die zweite Übung aus dem Land der Entspannung. Die Sonnenstrahlen haben sie Wärme-Übung genannt. Und weißt Du was? Wenn Dir mal schlotterkalt ist oder Deine Füße beim Einschlafen nicht so richtig warm werden wollen, dann kannst Du die Sonnenstrahlen rufen und mit ihnen die Wärme-Übung machen. Probier's mal aus.

Also, bis zur nächsten Reise. Tschühüs sagt Dein Zwergelinchen.

> *Was Sie und Ihr Kind bis heute gelernt haben, können Sie auf der nächsten Seite sehen. Bitte machen Sie aber diese Übungen heute nicht mehr, sondern erst ab morgen.*

Bis jetzt kennen Sie und Ihr Kind schon folgende Formeln beziehungsweise Übungen:

SCHWERE-ÜBUNG
WÄRME-ÜBUNG

Bitte beginnen Sie mit der Übung:

1 *Ich lege mich ganz bequem hin.*
2 *Ich schließe meine Augen.*
3 *Ich bin ganz ruhig.*

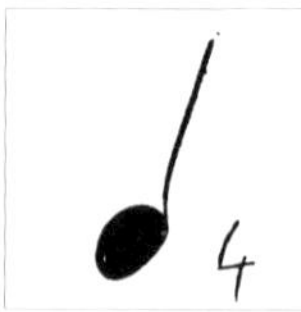

Meine Arme sind ganz schwer.
(5 Sekunden Pause)
Meine Beine sind ganz schwer.
(5 Sekunden Pause)
Ich bin ganz schwer.
(5 Sekunden Pause)

Meine Arme sind sonnig warm.
(5 Sekunden Pause)
Meine Arme sind sonnig warm.
(5 Sekunden Pause)

Meine Beine sind sonnig warm.
(5 Sekunden Pause)
Meine Beine sind sonnig warm.
(5 Sekunden Pause)

Ich bin sonnig warm.
(5 Sekunden Pause)
Ich bin sonnig warm.
(5 Sekunden Pause)

Ich bin ganz ruhig und fühle mich sehr wohl.
(5 Sekunden Pause)

Bitte stellen Sie nun die Musik ab - der Klangteppich ist hier zu Ende - und machen Sie jetzt die Katzenübung (Rücknahme).

1 *Die Katze reckt sich und streckt sich*
2 *Sie gähnt herzhaft - huah - und*
3 *öffnet ihre Augen.*

Bitte üben Sie diese Übungen des Autogenen Trainings mindestens einmal pro Tag mit Ihrem Kind, bis Sie in etwa drei bis fünf Tagen das nachfolgende Zwergelinchen-Märchen, »Herr Wind«, vorlesen.

Herr Wind (Stirn-Übung) -Track 4 auf CD/MC

Du meine Güte, ich bin völlig außer Atem. Der Sturm da draußen hätte mich fast weggeblasen. Aber ich bin ja nicht doof; hab' einfach meinen Schirm aufgespannt und mich vom Wind wie eine Pusteblume tragen lassen.
Ich hab' nur die ganze Zeit höllisch aufpassen müssen, daß ich meinen Schirm zum Landen rechtzeitig zumache, sonst wär' ich doch glatt an Dir vorbeigeflogen.

Naja, es hat ja geklappt. Aber etwas ganz Wichtiges möchte ich Dir heute sagen, liebes Menschenkind: Wann immer Du mich brauchst oder sehen möchtest, ganz egal wann - mußt Du nur ganz fest an mich denken und ich bin sofort zur Stelle.
Und wenn ich einmal nicht zu Dir kommen kann, so wie es beinahe heute wegen des Sturms passiert ist, dann besuchst Du einfach mich.
Ich wohne im Zwergelinchendorf, in der Wundergasse 13, in dem kleinen kunterbunten Häuschen mit den vielen Sonnenblumen auf den Fensterbänken. Von außen sieht mein Häuschen wie ein ganz normales Zwergelinchen-Haus aus. Aber das ist es nicht!
Denn wenn Du reinkommst und durch mein Lieblingszimmer mit dem alten Schaukelstuhl gehst, dann siehst Du eine knallrote Tür mit der Aufschrift: »Vorsicht, streng geheim! Zutritt nur für Kinder und Zwergelinchen!« Und wenn Du diese Tür aufmachst, dann ist da ein großes Forschungslabor, in dem ich auch das gläserne Ufo gebaut habe. Das hast Du ja schon bei unserer Körperreise gesehen.

Aber eigentlich wollte ich Dir ja vom Herrn Wind erzählen. Möchtest Du ihn denn einmal kennenlernen? Ich würde ihn Dir gerne vorstellen.
Aber zuerst kuschle Dich in Deine warme Decke hinein und sprich mit mir die drei Zauberformeln:

1. *Ich lege mich ganz bequem auf den Rücken*
2. *Ich schließe meine Augen*
3. *Ich bin ganz ruhig*

Vor Dir öffnet sich das große, goldene Tor zum Kuschelland ...

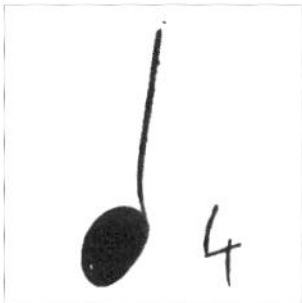

Meine Arme sind ganz schwer.
(5 Sekunden Pause)
Meine Beine sind ganz schwer.
(5 Sekunden Pause)
Ich bin ganz schwer.
(5 Sekunden Pause)

Meine Arme sind sonnig warm.
(5 Sekunden Pause)
Meine Arme sind sonnig warm.
(5 Sekunden Pause)

Meine Beine sind sonnig warm.
(5 Sekunden Pause)
Meine Beine sind sonnig warm.
(5 Sekunden Pause)

Ich bin sonnig warm.
(5 Sekunden Pause)
Ich bin sonnig warm.
(5 Sekunden Pause)

Ich bin ganz ruhig und fühle mich sehr wohl.
(5 Sekunden Pause)

Du siehst Dich selbst über ein großes, weites Feld laufen. Der Wind saust an Dir vorbei und bewegt die Felder wie Meereswellen hin und her.
Du ziehst den Reißverschluß von Deiner Jacke noch ein bißchen höher, damit Du dem Wind richtig entgegenlaufen kannst. Hm, riech mal, er weht Dir den Duft der Felder direkt um die Nase und streichelt Dein Gesicht. Spürst Du's? Ist das nicht ein schönes Gefühl!

Du, Menschenkind, ich glaube der Wind möchte sich mit Dir unterhalten. Siehst Du, schon stürmt er auf Dich zu und pfeift Dir mürrisch in die Ohren: »Tag, Menschenkind« und saust weiter an Dir vorbei wieder in die Felder hinein.
»Na, Du hast aber schlechte Laune. Was ist denn mit Dir los?«, fragst Du ihn. »Eigentlich bin ich gar nicht schlecht gelaunt. Ich bin einfach traurig«, antwortet der Wind. »Traurig?«, fragst Du erstaunt. »Aber warum denn?« - »Ach, Menschenkind«, beginnt der Wind zu erzählen, »ich bin heute morgen schon ganz früh aus dem Palast der gläsernen Flöten herausgeflogen.« -

»Der Palast der gläsernen Flöten?«, wiederholst Du neugierig. »Ja, dort wohne ich«, säuselt der Wind ganz stolz. »Eigentlich bin ich dort sehr gerne, aber heute bin ich gegangen, weil ich mich seit einigen Tagen furchtbar langweile.« - »Aber warum denn?«, möchtest Du wissen. Und da wird der Wind wieder stärker und braust um Dich herum, daß es Dir fast ein bißchen unheimlich wird. »Ach, seit Tagen bestimmt der Herr Regen, wie das Wetter sein soll, und er hat mich nicht mal gefragt, ob ich vielleicht mitmachen will ... beim Regenwolkenschieben oder so. Das stinkt mir total«, wettert der Wind. »Manchmal hab ich echt das Gefühl, daß die anderen mich völlig vergessen.« Und schon saust er hinter eine dicke Wolke, durch die er kräftig hindurchpustet.
»Duhu, das kenne ich aber auch!«, rufst Du mit ganzer Kraft in Richtung der Wolke, hinter der sich der Wind versteckt hat. Und dann kommt Dir eine richtig gute Idee. »Frag den Regen doch einfach, ob Du mitmachen darfst. Woher soll er denn wissen, daß Du beim Regenwolkenschieben helfen willst, hä? Vielleicht ist er sogar froh, wenn er nicht alles alleine machen muß.«

Da schaut der Wind überrascht hinter seiner Regenwolke hervor und fragt: »Du meinst, der weiß das gar nicht?« - »Ja, woher denn, wenn Du's ihm nicht sagst?«, rufst Du zurück. »Du meinst, ich sollte einfach zu ihm hingehen und es ihm sagen?« Der Wind runzelt nachdenklich die Stirn und fängt an, eine Regenwolke nach der anderen wegzupusten, bis die Sonne wieder am Himmel scheint. »Mensch, das ist 'ne klasse Idee. Daß ich da nicht von selbst draufgekommen bin! Das nächste Mal geh' ich einfach hin und frag', ob ich mitmachen kann. Wie gut, daß ich Dich getroffen habe, Menschenkind. Du hast wirklich ein kühles Köpfchen.«
Überschwenglich nimmt der Wind Dich in seine Arme, und dreht Dich immer schneller im Kreis, bis Du zu schweben beginnst.

»Du, Menschenkind, ich bin's, Zwergelinchen. Komm, wir setzen uns auf eine Wolke und fliegen direkt zum Palast der gläsernen Flöten!« - »Au ja. Aber sag mal, gibt es im Palast der gläsernen Flöten viele Musikanten?«, möchtest Du wissen. »Nein, nur einen, liebes Menschenkind, den Wind. Der Palast ist ein riesiges, durchsichtiges Musikinstrument, in dem man auch wohnen kann. Und von der Decke hängen überall Glocken und Triangeln. Damit spielt der Wind so gerne. Er bewegt sich durch seinen Palast und spielt immer ein anderes Lied, mal sehr schnell und laut, mal ganz langsam und leise. Eben so, wie er gerade gelaunt ist.
Aber hör doch selbst, Menschenkind. Vielleicht spürst Du sogar dabei, wie der Wind ganz leicht über Dein Gesicht streicht.«

Meine Stirn ist angenehm kühl.
(5 Sekunden Pause)
Der Wind streichelt leicht über meine Stirn.
(5 Sekunden Pause)
Mein Stirn ist angenehm kühl.
(5 Sekunden Pause)

Ich bin ganz ruhig und fühle mich sehr wohl.
(5 Sekunden Pause)

Und nun träum ein bißchen weiter, bis die Musik wieder aufhört.

Lassen Sie die Musik an dieser Stelle einfach so lange weiterlaufen, wie es Ihrem Kind guttut. Drehen Sie die Musik langsam aus, wenn Sie mit dem Text fortfahren wollen. Wenn Sie die Geschichte als »Gute-Nacht-Geschichte« nutzen möchten, dann löschen Sie jetzt bitte das Licht und beenden Sie das Märchen an dieser Stelle!

Huhu, Menschenkind, wir sind wieder auf der Erde! Komm, wir machen die Katzenübung zum Wachwerden:

1 *Die Katze reckt sich und streckt sich.*
2 *Sie gähnt herzhaft - und*
3 *öffnet ihre Augen.*

Weißt Du, Menschenkind, mit der Übung »Meine Stirn ist angenehm kühl«, die der Wind uns heute gezeigt hat, kannst Du immer 'nen kühlen Kopf bewahren, auch wenn's mal brenzlig wird oder Du Dich über irgendwas tierisch ärgerst. Ich meine zum Beispiel kleine Streits mit Deinen Freunden oder so. Denn vergiß nicht: Mit 'nem kühlen Kopf kurz überlegt, ist der Streit schnell weggefegt.

Also bis zum nächstenmal sagt für heute Dein Zwergelinchen.

Was Sie und Ihr Kind bis heute gelernt haben, können Sie auf der nächsten Seite sehen. Bitte machen Sie aber diese Übungen heute nicht mehr, sondern erst ab morgen.

Herr Wind

Bis jetzt kennen Sie und Ihr Kind schon folgende Formeln beziehungsweise Übungen:

Schwere-Übung
Wärme-Übung
Stirnkühle-Übung

Bitte beginnen Sie mit der Übung:

1 *Ich lege mich ganz bequem hin.*
2 *Ich schließe meine Augen.*
3 *Ich bin ganz ruhig.*

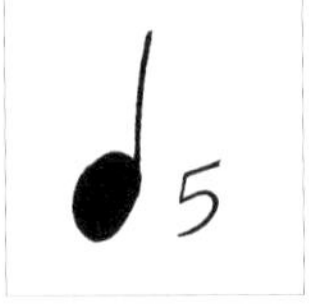

Meine beiden Arme und Beine sind ganz schwer.
(5 Sekunden Pause)
Ich bin ganz schwer.
(5 Sekunden Pause)

Meine Arme sind sonnig warm.
(5 Sekunden Pause)
Meine Beine sind sonnig warm.
(5 Sekunden Pause)
Ich bin sonnig warm.
(5 Sekunden Pause)

Meine Stirn ist angenehm kühl.
(5 Sekunden Pause)
Meine Stirn ist angenehm kühl.
(5 Sekunden Pause)

Ich bin ganz ruhig und fühle mich sehr wohl.
(5 Sekunden Pause)

Bitte stellen Sie nun die Musik ab - der Klangteppich ist hier zu Ende - und machen Sie jetzt die Katzenübung (Rücknahme).

1 *Die Katze reckt sich und streckt sich*
2 *Sie gähnt herzhaft*
3 *öffnet ihre Augen.*

Bitte üben Sie diese Übungen des Autogenen Trainings mindestens einmal pro Tag mit Ihrem Kind, bis Sie in etwa drei bis fünf Tagen das nachfolgende Zwergelinchen-Märchen, »Leo der Sonnenlöwe«, vorlesen.

Leo der Sonnen-Löwe (Sonnengeflecht-Übung) - Track 5 auf CD/MC

Hallo, liebes Menschenkind. Sag mal, kannst Du bitte Dein Lieblingskuscheltier holen? Ja? Für unsere heutige Reise ins Land der Entspannung brauchen wir nämlich unbedingt Dein Kuscheltier. Na, hast Du's? Oh, so eines hätte ich auch gerne. Naja, obwohl ... mein Kuschel-Hamster ist auch nicht schlecht.

Also los geht's! Schlüpf unter Deine Decke und leg Dein Kuscheltier einfach auf Deinen Bauch. Schließlich soll es doch auch mit auf die Reise gehen. Also, bist Du bereit, mit mir und Deinem Kuscheltier gemeinsam die drei Zauberformeln zu sprechen? Dann los:

1 *Ich lege mich ganz bequem auf den Rücken.*
2 *Ich schließe meine Augen.*
3 *Ich bin ganz ruhig.*

Vor Dir öffnet sich das große goldene Tor zum Kuschelland ...

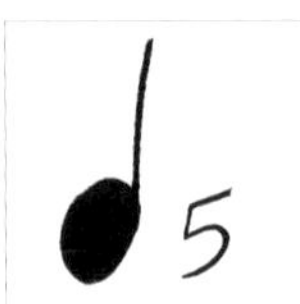

Meine beiden Arme und Beine sind ganz schwer.
(5 Sekunden Pause)
Ich bin ganz schwer.
(5 Sekunden Pause)

Meine Arme sind sonnig warm.
(5 Sekunden Pause)
Meine Beine sind sonnig warm.
(5 Sekunden Pause)
Ich bin sonnig warm.
(5 Sekunden Pause)

Meine Stirn ist angenehm kühl.
(5 Sekunden Pause)
Meine Stirn ist angenehm kühl.
(5 Sekunden Pause)
Ich bin ganz ruhig und fühle mich sehr wohl.
(5 Sekunden Pause)

Du siehst die Sonnenkinder im großen Thronsaal im Palast der Frau Sonne wild rumtoben und Quatsch machen. Da kommt Frau Sonne mit geheimnisvoller Miene hereingerauscht, setzt sich auf die himmelblaue Kristallstufe, auf der das goldene Wasserbecken steht, und ruft: »Meine lieben Sonnenstrahlenkinder, hört mal her, ich habe eine große Überraschung für Euch. Na, wer will raten, was es ist? Einen Tip gebe ich Euch. Es hat etwas damit zu tun, daß in unserer Familie noch etwas ganz Wichtiges fehlt. Habt Ihr eine Idee, was ich meine?« - »Eine Überraschung, eine Überraschung!«, rufen die Sonnenkinder und hopsen dabei vor Aufregung in die Luft. »Bekommen wir noch einen Bruder oder eine Schwester?«, möchte eines der größeren Sonnenstrahlen wissen. »Oh ja, ein Baby!«, rufen die kleineren Sonnenstrahlen. »Sag doch, stimmt das?«- »Na ja, Ihr seid schon ganz nah dran«, antwortet Frau Sonne. »Nur, daß nicht ich ein Kind bekomme, sondern die Sonnenlöwin Liona vor einiger Zeit acht kuschelige, kleine Löwenbabys geworfen hat. Und eines davon wird ab morgen bei uns im Palast leben. Ich habe den Herrn Wind schon gebeten, morgen viele dicke Regenwolken am Himmel hin- und herzuschieben, damit wir nicht scheinen müssen und so genug Zeit haben, unseren kleinen Sonnenlöwen zu begrüßen.« »Au ja, wir bekommen einen Sonnenlöwen!«, rufen die Sonnenkinder wild durcheinander und strahlen vor lauter Freude noch ein bißchen heller als sonst.

Und schon am nächsten Tag ist es da: Ein wunderschönes, ganz junges, goldfarbenes Sonnenlöwenbaby mit dem Namen Leo. Leo hat eine ganz dicke, kuschelige Mähne. Und wenn man sich an ihn rankuschelt, dann merkt man wie warm er ist und daß sein glänzendes Fell nach Sonne und Orangen riecht. Am liebsten frißt Leo Schokolade mit Zimt, das weiß Frau Sonne, und als sie ihm zur Begrüßung auch noch einen großen Eimer mit Zitronenlimonade dazustellt, bekommt sein Löwengesicht mit den großen grünen Augen ein breites Grinsen. Die Familie Sonne ist sehr stolz auf Leo und alle schließen das kuschelige Löwenbaby sofort in ihr Herz.

In dieser Nacht, als Sanschein, das kleinste der Sonnenstrahlenkinder, im Bett liegt, bekommt es plötzlich riesengroßen Durst. - Du weißt ja, die Sonnenkinder sind immer sehr durstig - klar bei der Wärme! - Jedenfalls überlegt Sanschein schon bestimmt seit zehn Minuten hin und her, wie er zum Kühlschrank in der großen Küche ganz unten im Palast kommen soll, ohne Leo dem Löwen zu begegnen. Denn, ehrlich gesagt, Sanschein hat ganz schön Angst vor Leo. Aber schließlich, als der Durst zu schlimm wird, nimmt er seinen ganzen Mut zusammen und schleicht ganz leise die Treppe hinunter in Richtung Küche. Vorsichtig linst er erst mal um jede Ecke, um zu schauen, ob Leo nicht seinen Weg kreuzt.

Gerade in dem Moment, als Sanschein in der Küche ankommt und den Kühlschrank öffnen will, gibt es einen höllischen Lärm. »Iiiiihh!« Sanschein fühlt etwas Kaltes, Feuchtes an seinen Füßen. »Was ist denn das?« - Er ist über Leos Futternapf gestolpert. »Jetzt aber nichts wie weg!« Er schnappt seinen Wasserbecher, knallt die Kühlschranktür zu und rennt, was das Zeug hält, in Richtung Treppe.

Doch zu spät! Der kleine Sonnenlöwe ist von dem Geschepper längst wach geworden und tapst Sanschein neugierig entgegen. Der erschrickt so sehr, daß er wie angewurzelt stehen bleibt. Die beiden funkelnden Augen kommen immer näher. Sanscheins Herz schlägt bis zum Hals. Er nimmt seinen ganzen Mut zusammen und geht langsam, als ob er nichts bemerkt hätte, die Treppe hinauf, ihm dicht auf den Fersen: Leo der kleine Sonnenlöwe.

Gerade will Sanschein einen Zahn zulegen, die letzte Stufe hinaufspringen und in sein Zimmer rasen, um sich schnell die Bettdecke bis weit über die Ohren zu ziehen, da entscheidet er sich plötzlich ganz anders. Blitzartig dreht er sich um, schaut Leo in die Augen und macht ganz laut: »Buh!«

Vor lauter Schreck springt Leo rückwärts in die Luft und purzelt hopplahopp die Treppe hinunter, direkt in Richtung des goldenen Springbrunnens. Mit einer Vollbremsung versucht er noch auf dem Rand des Springbrunnens zum Stehen zu kommen, wackelt hin und her - und landet schließlich mit einem Riesenplumps im Wasser. Völlig verdattert schaut er zu Sanschein hinauf.

»Gell, da guckst Du«, prustet der und kann sich vor Lachen kaum noch halten. »Siehst Du, das passiert, wenn man mich erschreckt!« Und dann dreht er sich um und geht zufrieden und schmunzelnd in sein Zimmer, um endlich einen Schluck Wasser zu trinken.

»Vor einem kleinen Löwen Angst haben, das ist was für Babys«, denkt er stolz. Das hat er wirklich gut gemacht. Sanschein hopst in sein Bett hinein und schlüpft unter seine Kuscheldecke. Aber jetzt erst merkt er, daß sich sein Bauch vor lauter Angst zusammengekrampft hat. Er hatte doch einen Riesenschreck bekommen.

Wie er nach dieser Aufregung wieder einschlafen soll, das ist ihm ein völliges Rätsel. Und während Sanschein darüber nachdenkt, merkt er plötzlich, wie eine warme, rauhe Zunge seine rechte Hand leckt und sich ein wuscheliger Kopf an ihn kuschelt. Leo der kleine Sonnenlöwe ist in Sanscheins Zimmer gekommen, um ihm auf seine Art zu zeigen, daß er ihn sehr gern mag.

Sanschein blinzelt durch ein Auge zu Leo hinüber und beginnt ihn vorsichtig zu streicheln. Leo gefällt das sehr - so sehr, daß er mit seinen unbeholfenen Tatzen auf's Bett springt und sich genüßlich auf Sanscheins Bauch niederläßt. »Was für eine gemütliche Wärmflasche«, denkt Sanschein und spürt, wie sich sein Bäuchlein wieder entspannt und von wohliger Wärme durchströmt wird. Leo schnurrt zufrieden vor sich hin. Und Sanschein flüstert schon ganz verschlafen:

Mein Bauch ist sonnig warm.
(5 Sekunden Pause)
Mein Bauch ist sonnig warm.
(5 Sekunden Pause)

Ich bin ganz ruhig und fühle mich sehr wohl.
(5 Sekunden Pause)

Und dann schlummern die beiden friedlich miteinander ein und träumen von den vielen Abenteuern, die sie ab jetzt miteinander erleben werden.

Lassen Sie die Musik an dieser Stelle einfach so lange weiterlaufen, wie es Ihrem Kind guttut. Drehen Sie die Musik langsam aus, wenn Sie mit dem Text fortfahren wollen. Wenn Sie die Geschichte als »Gute-Nacht-Geschichte« nutzen möchten, dann löschen Sie jetzt bitte das Licht und beenden Sie das Märchen an dieser Stelle!

Huhu, Menschenkind. Ich glaube, es wird langsam Zeit, wieder wach zu werden. Bei uns ist es doch noch gar nicht Nacht. Du kannst Dir ja heute abend beim Einschlafen wieder Dein Kuscheltier auf den Bauch legen und von Euren gemeinsamen Abenteuern träumen. Vielleicht komm' ich dann mal kurz vorbei, mal sehen. Aber jetzt erstmal die Katzenübung, damit Du wieder richtig fit wirst:

1 *Die Katze reckt sich und streckt sich.*
2 *Sie gähnt herzhaft und*
3 *öffnet ihre Augen.*

Was Sie und Ihr Kind bis heute gelernt haben, können Sie auf der nächsten Seite sehen. Bitte machen Sie aber diese Übungen heute nicht mehr, sondern erst ab morgen.

Bis jetzt kennen Sie und Ihr Kind schon folgende Formeln beziehungsweise Übungen:

SCHWERE-ÜBUNG
WÄRME-ÜBUNG
STIRNKÜHLE-ÜBUNG
SONNENGEFLECHT-ÜBUNG

Bitte beginnen Sie mit der Übung:

1 *Ich lege mich ganz bequem hin.*
2 *Ich schließe meine Augen.*
3 *Ich bin ganz ruhig.*

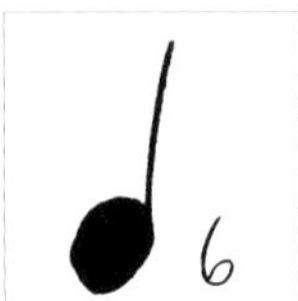

Meine beiden Arme und Beine sind ganz schwer.
(5 Sekunden Pause)
Ich bin ganz schwer.
(5 Sekunden Pause)

Meine beiden Arme und Beine sind sonnig warm.
(5 Sekunden Pause)
Ich bin sonnig warm.
(5 Sekunden Pause)

Meine Stirn ist angenehm kühl.
(5 Sekunden Pause)
Meine Stirn ist angenehm kühl.
(5 Sekunden Pause)

Mein Bauch ist ganz warm.
(5 Sekunden Pause)
Mein Bauch ist ganz warm.
(5 Sekunden Pause)

Ich bin ganz ruhig und fühle mich sehr wohl.
(5 Sekunden Pause)

Bitte stellen Sie nun die Musik ab - der Klangteppich ist hier zu Ende - und machen Sie jetzt die Katzenübung (Rücknahme).

1 *Die Katze reckt sich und streckt sich*
2 *Sie gähnt herzhaft*
3 *öffnet ihre Augen.*

Bitte üben Sie diese Übungen des Autogenen Trainings mindestens einmal pro Tag mit Ihrem Kind, bis Sie in etwa drei bis fünf Tagen das nachfolgende Zwergelinchen-Märchen, »Die Atemblume«, vorlesen.

Die Atemblume (Atem-Übung) -Track 6 auf CD/MC

Hallo Menschenkind, schau mal, was ich Dir heute mitgebracht habe: einen Zauberluftballon, in dem Du innen drin mitfliegen kannst. Das macht riesigen Spaß! Willst Du reinkommen? Dann reib' dreimal fest Deine Nasenspitze und sag' das Wort »Zauberluftballon«. Und schwupps! bist Du drin. Ich hab' Dir schon ein schönes Plätzchen für unsere gemeinsame Reise reserviert. Hier bist Du ganz sicher.

Also kuschle Dich in Deine Decke hinein und mach's Dir gemütlich, denn gleich fliegen wir los. Aber erst noch die drei Zauberformeln sprechen, okay?

1. *Ich lege mich ganz bequem hin.*
2. *Ich schließe meine Augen.*
3. *Ich bin ganz ruhig.*

Vor uns öffnet sich das große, goldene Tor zum Kuschelland und wir fliegen mit unserem Zauberluftballon mitten hindurch in Richtung des Palastes der gläsernen Flöten.

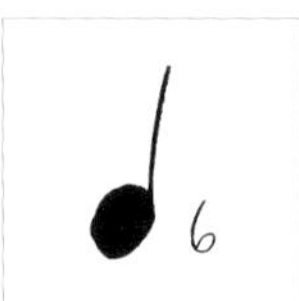

Meine beiden Arme und Beine sind ganz schwer.
(5 Sekunden Pause)
Ich bin ganz schwer.
(5 Sekunden Pause)

Meine beiden Arme und Beine sind sonnig warm.
(5 Sekunden Pause)
Ich bin sonnig warm.
(5 Sekunden Pause)

Meine Stirn ist angenehm kühl.
(5 Sekunden Pause)
Mein Stirn ist angenehm kühl.
(5 Sekunden Pause)

Mein Bauch ist ganz warm.
(5 Sekunden Pause)
Mein Bauch ist ganz warm.
(5 Sekunden Pause)

Ich bin ganz ruhig und fühle mich sehr wohl.
(5 Sekunden Pause)

Du Menschenkind, siehst Du dahinten die kleine Gestalt im Garten des Palastes? Das ist Florina die Blütenelfe. Sie kommt jeden Sommer hierher und kümmert sich um die Pflanzen und Atemblumen. Ja, Menschenkind, Du hast schon ganz richtig gehört. Im Palastgarten wachsen im Sommer nämlich keine normalen Blumen, wie Du sie kennst, sondern Atemblumen. Und die heißen so, weil sie mit ihren Blüten wirklich atmen. Bei jedem Einatmen öffnen sie ihre Blüten, und bei jedem Ausatmen schließen sie sie wieder.

Der Wind liebt die Atemblumen so sehr, daß er sie oftmals stundenlang beobachtet und ihren wunderbaren Duft in sich einatmet. Und dabei spürt er, wie sein großer, dicker Bauch ganz weit nach oben geht und beim Ausatmen wieder nach unten. Mach einmal mit, Menschenkind: Beim Einatmen geht der Bauch ganz weit nach oben und beim Ausatmen wieder nach unten. Beim Einatmen nach oben und beim Ausatmen nach unten.
»Hhmmm, was für ein herrlicher Blumenduft«, säuselt der Wind. Von Zeit zu Zeit huscht Florina an ihm vorüber, die ganz eifrig und mit roten Wangen die Atemblumen gießt und die jüngsten Pflänzchen an kleine Holzstöcke bindet, damit der Wind sie nicht aus Versehen umknicken kann. Ach, der Herr Wind mag Florina schrecklich gerne.
»Schade, daß sie immer nur im Sommer da sein kann«, denkt er. Er würde ihr so gerne eine Freude machen. Aber wie nur? Er überlegt und überlegt. Plötzlich hat er eine tolle Idee. Auf den Beeten zwischen den Blumen liegen ganz viele einzelne Blütenblätter auf der Erde.
»Na, klar, das ist es!«, denkt der Wind. »Ich spiele eine Melodie und lasse die Blütenblätter dazu in der Luft tanzen! Das wird Florina bestimmt gefallen.« Und dann saust er durch die gläsernen Flöten in den Garten hinein, zwischen den Atemblumen hindurch und wirbelt all die kleinen bunten Blütenblätter vom Boden auf. Die fangen an, wie Konfetti durch die Luft zu tanzen. Florina die Blütenelfe bekommt große Augen, beginnt zu lachen und ruft:»Lieber Wind, das sieht ja aus wie bunter Schnee, der durch die Luft wirbelt. So etwas Schönes habe ich noch nie gesehen. Mach weiter, nicht aufhören! Es schneit bunten Schnee, mitten im Sommer!« Na, das läßt sich der Wind kein zweites Mal sagen. Endlich kann er seiner Blütenelfe auch im Sommer mal zeigen, wieviel Kraft er hat und braust auf wie bei einem richtigen Herbststurm.

Die Bäume biegen sich im Wind und Florina die Blütenelfe bekommt auf einmal einen Riesenschreck: »Um Himmels Willen, was ist denn in Dich gefahren? Hör auf! Nicht so doll! Du machst ja mit diesem Sturm alle Blumen in meinem Garten kaputt!« Aber der Wind hört nichts. Er braust hinaus ins Land der Entspannung, so daß sich die Wurzelzwerge an den

Bäumen festhalten müssen und die kleinen Waldwichtel vor lauter Angst unters Laub schlüpfen und sich fest an den Händen halten. Auch die Erdfee und die Frau Sonne schauen sorgenvoll und erstaunt zum Himmel. Aber als sie den »bunten Schnee« in der Luft herumwirbeln sehen, wissen sie sofort, was los ist. »So ein Angeber! Im Sommer einen solchen Sturm zu machen, das ist ja nun wirklich die Höhe!« Mit wütenden Gesichtern laufen sie zum Palast der gläsernen Flöten, um dort gemeinsam mit der Blütenelfe Florina den Wind zu stoppen. Und sie schaffen es. Denn obwohl sie wütend sind, behalten sie einen kühlen Kopf und reden ganz ruhig auf den Wind ein.

Nach ein paar Minuten kommt er still und leise zum Palast zurückgeweht, gerade, als die Blütenelfe Florina gemeinsam mit der Erdfee durch den Garten läuft, um zu schauen, ob der Wind etwas kaputtgemacht hat. Er schämt sich für seine blöde Angeberei.
»Naja, ist doch noch mal gut gegangen, Du Wirbelwind«, tröstet ihn die Blütenelfe Florina. Aber kaum hat sie das gesagt, da entdeckt sie eine ganz kleine Atemblume, die den Sturm gar nicht so gut überstanden hat. Ihr Blütenkopf hängt ganz schwer herunter, und ihr stockt immer noch der Atem vor lauter Schreck über das Unwetter. Herr Wind schwebt mächtig betroffen vor der kleinen Blume hin und her und stammelt: »Es tut mir so leid, das wollte ich wirklich nicht! Aber ich sause schnell in meinen Palast und hole meinen Hustensaft. Der hilft immer.«
»Papperlapapp!«, sagt die Erdfee. »Davon wird die kleine Atemblume nicht wieder gesund. Sie hat einen Schreck und keinen Husten.«
»Aber unsere Kuschelland-Atem-Übung«, säuselt der Wind »die wird der kleinen Blume helfen, damit sie wieder richtig atmen kann.« - »Da hast Du Recht«, antwortet die Erdfee, »komm, laß uns gleich mit der Übung anfangen!« Gesagt, getan. Und alle setzen sich auf den Boden, um die kleine Atemblume herum: der Wind, die Erdfee und auch die Blütenelfe Florina, die ihr ganz sanft ins Ohr flüstert:

Mein Atem ist ganz ruhig und gleichmäßig.
(5 Sekunden Pause)
Mein Atem ist ganz ruhig und gleichmäßig.
(5 Sekunden Pause)
Ich bin ganz ruhig und fühle mich sehr wohl.
(5 Sekunden Pause)

Und während die Atemblume die Übung macht, spürt sie, wie ihr Atem ganz von alleine zurückkommt, und sich ihr Blütenköpfchen Stück für Stück aufrichtet.

Sie fühlt sich sehr wohl und alle sind froh, daß die kleine Blume nun wieder Luft bekommt. Die Blütenfee Florina und der Wind bleiben bei ihr bis zum Abend, bis sie müde wird und einschlummert. Und selbst, als sie schon fest schläft, öffnet und schließt sich ihre Blüte immer wieder von ganz alleine, so wie bei all den anderen Atemblumen auch. Ganz aus der Ferne hört sie eine leise Musik und träumt dabei von buntem Schnee mitten im Sommer.

Lassen Sie die Musik an dieser Stelle einfach so lange weiterlaufen, wie es Ihrem Kind guttut. Drehen Sie die Musik langsam aus, wenn Sie mit dem Text fortfahren wollen. Wenn Sie die Geschichte als »Gute-Nacht-Geschichte« nutzen möchten, dann löschen Sie jetzt bitte das Licht und beenden Sie das Märchen an dieser Stelle!

Du Menschenkind, der Zauberluftballon hat uns wieder zurückgebracht. Ich habe das gar nicht gemerkt, Du etwa? Und er hat uns bei dem starken Sturm richtig gut beschützt, wie ich es Dir gesagt habe. Du hast noch nicht mal verwuschelte Haare. Aber dafür siehst Du noch ganz verträumt aus. Komm, wir machen zusammen die Katzenübung:

1 *Die Katze reckt sich und streckt sich.*
2 *Sie gähnt herzhaft und*
3 *öffnet ihre Augen.*

Weißt Du was, Menschenkind, ich habe heute im Palastgarten meine Lieblings-Atemblume gesehen. Die sieht so schön aus, daß ich sie am liebsten gleich malen möchte. Wo sind nur meine Buntstifte und meine Wasserfarben? Ich muß dringend mal unter meinem Zwergelinchen-Bett nachgucken. Vielleicht magst Du auch Deine Lieblings-Atemblume malen, ja? Ich bin sehr neugierig und gespannt, wie die aussieht. Also, ich werd' jetzt erstmal nach Hause gehen und meine Farben rauskramen. Kunterbunt geht's jetzt rund. Also tschüs, und auch Dir viel Spaß beim Malen.

Bis bald.

Was Sie und Ihr Kind bis heute gelernt haben, können Sie auf der nächsten Seite sehen. Bitte machen Sie aber diese Übungen heute nicht mehr, sondern erst ab morgen.

Die Atemblume

Bis jetzt kennen Sie und Ihr Kind schon folgende Formeln beziehungsweise Übungen:

SCHWERE-ÜBUNG
WÄRME-ÜBUNG
STIRNKÜHLE-ÜBUNG
SONNENGEFLECHT-ÜBUNG
ATEM-ÜBUNG

Bitte beginnen Sie mit der Übung:

1 *Ich lege mich ganz bequem hin.*
2 *Ich schließe meine Augen.*
3 *Ich bin ganz ruhig.*

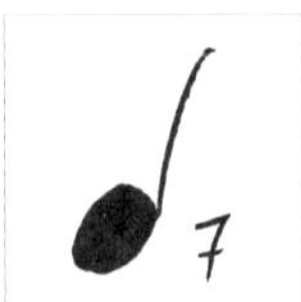

Meine Arme und Beine sind ganz schwer.
(5 Sekunden Pause)
Ich bin ganz schwer.
(5 Sekunden Pause)

Meine Arme und Beine sind sonnig warm.
(5 Sekunden Pause)
Ich bin sonnig warm.
(5 Sekunden Pause)

Meine Stirn ist angenehm kühl.
(5 Sekunden Pause)
Meine Stirn ist angenehm kühl.
(5 Sekunden Pause)

Mein Bauch ist sonnig warm.
(5 Sekunden Pause)
Mein Bauch ist sonnig warm.
(5 Sekunden Pause)

Mein Atem ist ganz ruhig und gleichmäßig.
(5 Sekunden Pause)
Mein Atem ist ganz ruhig und gleichmäßig.
(5 Sekunden Pause)

Ich bin ganz ruhig und fühle mich sehr wohl.
(5 Sekunden Pause)

Bitte stellen Sie nun die Musik ab - der Klangteppich ist hier zu Ende - und machen Sie jetzt die Katzenübung (Rücknahme).

1 *Die Katze reckt sich und streckt sich*
2 *Sie gähnt herzhaft*
3 *öffnet ihre Augen.*

Bitte üben Sie diese Übungen des Autogenen Trainings mindestens einmal pro Tag mit Ihrem Kind, bis Sie in etwa drei bis fünf Tagen das nachfolgende Zwergelinchen-Märchen, »Jojo der Waldwichtel (Teil 1)«, vorlesen.

Jojo der Waldwichtel, Teil 1 (Herz-Übung) - Track 7 auf CD/MC

Huhu, Menschenkind, jetzt bin ich aber froh, daß ich Dich gleich gefunden habe, denn im Land der Entspannung passiert in ein paar Minuten was sehr Spannendes. Das dürfen wir auf keinen Fall verpassen.
Und deshalb kuschelst Du Dich am besten gleich in Deine Decke und sprichst mit mir die drei Zauberformeln. Fertig?

1 *Ich lege mich ganz bequem auf den Rücken.*
2 *Ich schließe meine Augen.*
3 *Ich bin ganz ruhig.*

Du, Menschenkind, leg mal Deine rechte Hand auf Dein Herz. Spürst Du, wie es klopft? Manchmal muß man erst ein bißchen suchen, um die richtige Stelle zu finden, wo Du Dein Herz gut spürst. Hast Du's? Wie fühlt sich das an? Laut oder leise? Langsam oder schnell? Laut oder leise, langsam oder schnell?
Während Du Dein Herz hören und fühlen kannst, stell Dir mal vor, wie Du immer kleiner wirst, immer kleiner und kleiner, so klein wie Dein eigenes Herz und sogar noch ein bißchen kleiner. So klein, daß Du Dich in Dein eigenes Herz hinein kuscheln kannst. Hier ist es ganz warm und hier kannst Du es Dir auf unserer Reise so richtig gemütlich machen.

Vor Dir öffnet sich das große goldene Tor zum Kuschelland ...

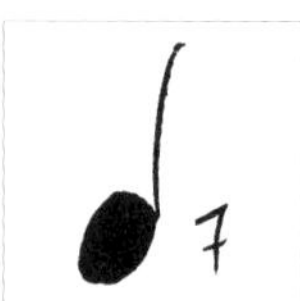

Meine Arme und Beine sind ganz schwer.
(5 Sekunden Pause)
Ich bin ganz schwer.
(5 Sekunden Pause)

Meine Arme und Beine sind sonnig warm.
(5 Sekunden Pause)
Ich bin sonnig warm.
(5 Sekunden Pause)

Meine Stirn ist angenehm kühl.
(5 Sekunden Pause)
Meine Stirn ist angenehm kühl.
(5 Sekunden Pause)

Mein Bauch ist sonnig warm.
(5 Sekunden Pause)
Mein Bauch ist sonnig warm.
(5 Sekunden Pause)

Mein Atem ist ganz ruhig und gleichmäßig.
(5 Sekunden Pause)
Mein Atem ist ganz ruhig und gleichmäßig.
(5 Sekunden Pause)

Ich bin ganz ruhig und fühle mich sehr wohl.
(5 Sekunden Pause)

Du siehst vor Dir einen Waldweg, auf dem Dir ein kleiner Waldwichtel entgegengelaufen kommt. Darf ich vorstellen: Das ist Jojo. Jojo ist gerade auf dem Heimweg. Hör mal, er pfeift ganz laut. Das macht der Jojo immer, wenn er Schiß hat oder sich dringend Mut machen muß. Und Mut braucht er unbedingt, denn jeden Tag auf dem Weg von der Waldschule nach Hause ärgern sie ihn, die Wurzelzwerge und Waldwichtel, und manchmal sogar auch noch die sprechenden Steine, weil er so furchtbar krumme Beine hat. Okay, seine Beine sind außergewöhnlich, weil sie X- und O-Beine zugleich sind, und trotzdem kann er am schnellsten von allen rennen und am höchsten hüpfen.

Jedesmal, wenn es ein Spiel gibt, bei dem es auf Schnelligkeit oder Geschicklichkeit ankommt, wird Jojo als erster in eine Mannschaft gewählt. Und jedesmal denkt er: »Jetzt wird alles gut, sie mögen mich doch.« Aber dann geht alles immer wieder von vorne los. Sie machen sich über seine Beinchen lustig, und Jojo wird dann so wütend, daß er wild um sich schlägt. Oft gibt es eine Riesenprügelei und Jojo bezieht mächtig Kloppe. Na klar, alle gegen einen, das ist ein sehr unfaires Spiel. »Gut, daß ich so schnell rennen kann«, denkt Jojo. »Aber weglaufen, immer wieder weglaufen, das ist auch doof. Die anderen halten mich ja für total feige.« Und da fühlt er wieder diesen Kloß im Hals und es wird ihm ganz schwer ums Herz. Das alles macht Jojo sehr traurig. Aber was soll er nur machen? »Einfach weiterpfeifen und schnell nach Hause gehen«, denkt Jojo.

Oh nein, das darf doch nicht wahr sein! Hat er da nicht eben das Gesicht eines Wurzelzwerges zwischen den Sträuchern gesehen? Und da noch eines und noch eines? Wollen die ihn etwa schon wieder ärgern? Da hört er es. Erst von einer Seite und dann von allen Seiten im Chor, immer lauter und immer schneller: »Da läuft Jojo, der häßliche Floh, oben X und unten O. Da läuft Jojo, der feige Floh, ruckzuck sitzt er auf dem Po.«
Und da ist es schon passiert. Jojo stolpert und fällt wirklich auf den Hintern. Er kullert ein Stück den Abhang hinunter, und die Wurzelzwerge und Waldwichtel halten sich vor Lachen den Bauch. Sie haben eine Schnur quer über den Weg gespannt, über die Jojo gefallen ist. »So ein Mist«, denkt Jojo und purzelt immer tiefer den Abhang hinunter.

»Mensch, der Jojo kullert direkt auf die Felsspalte zu!«, schreit einer der Waldwichtel erschrocken und rennt den Abhang hinunter, um ihm zu helfen. »Jojo, paß auf, die Felsspalte!«, rufen jetzt auch die anderen und laufen hinterher. Vielleicht können sie Jojo noch festhalten?
»Versuch, ein Stück nach rechts rüber zu rollen!« Aber Jojo versteht nicht, was die anderen rufen. Er findet das gar nicht schlecht, so schnell zu kullern, denn so kann er wenigstens mal wieder entwischen. Bis er plötzlich sieht, daß er auf ein großes Loch zupurzelt.

Dann geht alles blitzschnell. Jojo fällt in die Tiefe. Es wird immer dunkler und Jojo bekommt einen Riesenschreck. In seinem Bauch kribbelt es, während er tiefer und noch tiefer fällt. Aber dann ist plötzlich wieder ein bißchen Licht da. Jojo kann genau sehen, wie er an türkisblauen Tropfsteinen entlang direkt auf eine glatte dunkelblaue Fläche zufliegt. Und dann gibt es einen riesigen Platsch und Jojo landet im Wasser. Wo ist er? Im Meer oder in einem tiefen, großen Höhlensee?
Jojo hat furchtbare Angst. Er zappelt und rudert mit dem Armen. »Bleib ruhig, Jojo, ganz ruhig, und schwimm ans Ufer«, sagt er zu sich selbst. »Nur einen kühlen Kopf bewahren und nachdenken, was zu tun ist.«

Da sieht Jojo an einer Felswand eine Fackel hängen. »Auf die werde ich zuschwimmen. An Land bin ich sicher. Schließlich kann ich rennen wie ein Weltmeister. Und ich werde ganz ruhig und langsam schwimmen, damit ich kein Wasser schlucke.« Gesagt, getan. Jojo kommt sicher am Ufer an und stellt sich neben die Fackel. Er schüttelt sich wie ein nasser Pudel. Diese Höhle ist ja riesig! So etwas hat er noch nie gesehen. Ein großer tiefblauer Höhlensee und drumherum hohe Felswände. Viele dunkle Gänge führen von hier aus in die Dunkelheit.

Es gruselt Jojo. Wie soll er hier jemals wieder rauskommen? Seine Gedanken drehen sich vor lauter Aufregung im Kopf. »Ruhig bleiben!«, sagt sich Jojo noch einmal. »Was macht man bloß, wenn man Angst hat und einem das Herz bis zum Hals pocht?«
Da fällt Jojo die Übung ein, die ihm die Erdfee vor langer Zeit gezeigt hat. »Klar, das ist es! Und während ich die mache, lasse ich mich von der warmen Flamme trocknen«, denkt Jojo. Er setzt sich auf den Boden vor die Fackel, schließt die Augen und beginnt innerlich zu sprechen:

Mein Herz schlägt ganz ruhig und gleichmäßig.
(5 Sekunden Pause)
Mein Herz schlägt ganz ruhig und gleichmäßig.
(5 Sekunden Pause)
Ich bin ganz ruhig und fühle mich sehr wohl.
(5 Sekunden Pause)

Während Jojo die Übung macht, merkt er, wie seine Kleider trocknen. Ihm wird warm und seine Angst verschwindet langsam. Jetzt, wo die Angst fast weg ist, betrachtet Jojo die Tropfsteinhöhle noch einmal mit ganz anderen Augen. Die türkisfarbenen Steine glitzern im Licht der Fackel und sehen aus wie wunderschöne Säulen in einem Palast. Und plötzlich hat Jojo einen guten Gedanken. Hatte ihm der kleine sprechende Stein nicht vor langer Zeit einmal erzählt, daß die Erdfee in einer türkisblauen Tropfsteinhöhle lebt, ganz tief in der Erde?
»Na klar«, denkt Jojo erleichtert. »Ich bin in der Höhle der Erdfee. Hier bin ich sicher, und es gibt bestimmt jede Menge toller Sachen zu entdecken. Und wenn ich mir alles angeschaut habe, dann suche ich mir einen Weg nach draußen.«

Und dann beginnt Jojo ein bißchen vor sich hin zu träumen, von der Erdfee und all den tollen Dingen, die er hier in der Tropfsteinhöhle erleben wird. Und Du, liebes Menschenkind, träum doch einfach mit.

Lassen Sie die Musik an dieser Stelle einfach so lange weiterlaufen, wie es Ihrem Kind guttut. Drehen Sie die Musik langsam aus, wenn Sie mit dem Text fortfahren wollen. Wenn Sie die Geschichte als »Gute-Nacht-Geschichte« nutzen möchten, dann löschen Sie jetzt bitte das Licht und beenden Sie das Märchen an dieser Stelle!

Hallo, Menschenkind, ich bin's, Zwergelinchen. Hast Du schön geträumt? Ja? Ich bin sehr gespannt, was Du erzählst! Komm, wir machen die Katzenübung, damit Du richtig wach wirst.

1 *Die Katze reckt sich und streckt sich.*
2 *Sie gähnt herzhaft und*
3 *öffnet ihre Augen.*

Ja, liebes Menschenkind, das war der erste Teil von Jojos Abenteuern in der Höhle der Erdfee. Bist Du in Deinem Traum mit ihm zusammen durch die Höhle gegangen? Und habt Ihr was Tolles entdeckt? Vielleicht magst Du es malen oder erzählen? Und sag mal, Menschkind, hast Du 'ne Idee, wie der Jojo aus der Höhle wieder herausfindet? Ja? Also ich bin wirklich sehr gespannt, wie das alles weitergeht.

Was Sie und Ihr Kind bis heute gelernt haben, können Sie unten sehen. Bitte machen Sie aber diese Übungen heute nicht mehr, sondern erst ab morgen.

Ab jetzt kennen Sie und Ihr Kind die kompletten Formeln beziehungsweise Übungen des Autogenen Trainings:

Schwere-Übung
Wärme-Übung
Stirnkühle-Übung
Sonnengeflecht-Übung
Atem-Übung
Herz-Übung

Bitte beginnen Sie mit der Übung:

1 *Ich lege mich ganz bequem hin.*
2 *Ich schließe meine Augen.*
3 *Ich bin ganz ruhig.*

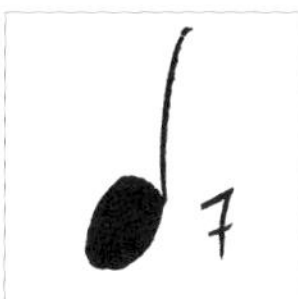

Meine Arme und Beine sind ganz schwer.
(5 Sekunden Pause)
Ich bin ganz schwer.
(5 Sekunden Pause))

Meine Arme und Beine sind sonnig warm.
(5 Sekunden Pause)
Ich bin sonnig warm.
(5 Sekunden Pause)
Meine Stirn ist angenehm kühl.
(5 Sekunden Pause)
Meine Stirn ist angenehm kühl.
(5 Sekunden Pause)

Mein Bauch ist sonnig warm.
(5 Sekunden Pause)
Mein Bauch ist sonnig warm.
(5 Sekunden Pause)

Mein Atem ist ruhig und gleichmäßig.
(5 Sekunden Pause)

Mein Atem ist ruhig und gleichmäßig.
(5 Sekunden Pause)

Mein Herz schlägt ganz ruhig und gleichmäßig.
(5 Sekunden Pause)
Mein Herz schlägt ganz ruhig und gleichmäßig.
(5 Sekunden Pause)

Ich bin ganz ruhig und fühle mich sehr wohl.
(5 Sekunden Pause)

Bitte stellen Sie nun die Musik ab - der Klangteppich ist hier zu Ende - und machen Sie jetzt die Katzenübung (Rücknahme).

1 *Die Katze reckt sich und streckt sich*
2 *Sie gähnt herzhaft und*
3 *öffnet ihre Augen.*

Bitte üben Sie diese Übungen des Autogenen Trainings mindestens einmal pro Tag mit Ihrem Kind. Da Sie ja nun alle Übungen kennen, können Sie bereits morgen das nachfolgende Zwergelinchen-Märchen, »Jojo, der Waldwichtel (Teil 2)«, vorlesen.

Jojo der Waldwichtel, Teil 2 (Herz-Übung) - Track 7 auf CD/MC

Wenn Sie möchten, können Sie mit Ihrem Kind - bevor Sie die Geschichte von Jojo dem Waldwichtel weiter vorlesen - noch einmal über Teil 1 der Geschichte sprechen.

Hallo, liebes Menschenkind. Möchtest Du heute hören, wie die Geschichte von Jojo dem Waldwichtel weitergeht? Also, ich platze bald vor Neugier. Komm, wir sprechen unsere Zauberformeln, damit wir schnell zu ihm in die Höhle der Erdfee kommen.

1 *Ich lege mich ganz bequem auf den Rücken.*
2 *Ich schließe meine Augen.*
3 *Ich bin ganz ruhig.*

Vor Dir öffnet sich das große goldene Tor zum Kuschelland ... Jojo sitzt auf dem Boden der Höhle vor der wärmenden Fackel und ... Du, Menschenkind, wir müssen ganz leise sein, der Jojo macht gerade noch seine Übung. Weißt Du was, wir machen einfach mit.

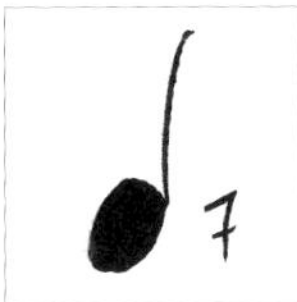

Meine Arme und Beine sind ganz schwer.
(5 Sekunden Pause)
Ich bin ganz schwer.
(5 Sekunden Pause)

Meine Arme und Beine sind sonnig warm.
(5 Sekunden Pause)
Ich bin sonnig warm.
(5 Sekunden Pause)

Meine Stirn ist angenehm kühl.
(5 Sekunden Pause)
Meine Stirn ist angenehm kühl.
(5 Sekunden Pause)

Mein Bauch ist sonnig warm.
(5 Sekunden Pause)
Mein Bauch ist sonnig warm.
(5 Sekunden Pause)

Mein Atem ist ruhig und gleichmäßig.
(5 Sekunden Pause)
Mein Atem ist ruhig und gleichmäßig.
(5 Sekunden Pause)

Mein Herz schlägt ganz ruhig und gleichmäßig.
(5 Sekunden Pause)
Mein Herz schlägt ganz ruhig und gleichmäßig.
(5 Sekunden Pause)

Ich bin ganz ruhig und fühle mich sehr wohl.
(5 Sekunden Pause)

Jetzt nach der Übung fühlt sich Jojo wieder fit und stark genug, um sich auf den Weg zu machen. Er steht auf und sieht sich noch einmal richtig um. Der See schimmert in einem wunderschönen dunklen Blau, und die türkisfarbenen Steine und Säulen der Höhle glitzern im Licht der Fackel.

Vorsichtig berührt Jojo eine der türkisfarbenen Säulen. Langsam geht er an ihr vorbei in einen der vielen Gänge hinein. Ein bißchen mulmig ist Jojo schon zu Mute. »Ich werde aus der Höhle herausfinden. Ich werde es schaffen«, sagt er zu sich. Da ist er ganz sicher.

Aber kaum hat er sich durch die enge Felsspalte in diesen Gang gezwängt, hört er ein Klopfen und Pochen. Ist das jetzt sein Herz, das vor lauter Aufregung so laut schlägt, oder sind es vielleicht riesengroße unterirdische Klopfkäfer, die gegen die Steine pochen?
Jojo hat solche Käfer mal auf einem Bild gesehen. Mit jedem Schritt nach vorne wird das Pochen immer doller und lauter. Als er um eine Ecke biegt, sieht Jojo ein grünliches Flackern, das von Zeit zu Zeit ein Schild beleuchtet. Er kann die Buchstaben auf dem Schild kaum erkennen: »Ha... Hall... Halle des Le... bens. Halle des Lebens«, steht da. Aber was bedeutet das? Und warum pocht es in der Halle so laut?

Jojo geht durch den Felsbogen und traut seinen Augen nicht: In den Felswänden dieser Höhle stehen tausende und abertausende grüne Lichter, von denen jedes in einem schönen großen Glas zu leben scheint. Manche Lichter sind ganz hell, andere eher schwach wie eine Kerze, die bald ausgehen wird. Aber eines haben sie alle gemeinsam: Jedes Licht hat einen rosafarbenen Mittelpunkt, und jedes Licht wird in seinem eigenen Tempo abwechselnd heller und größer und dann wieder kleiner und dunkler. Unter jedem Glas ist ein kleines Schildchen.

Neugierig geht Jojo näher heran, um zu lesen, was draufsteht. Aha! Die Lichter werden nicht nur größer und wieder kleiner, nein, sie geben auch dieses Klopfen von sich, und auf den Schildchen stehen Namen. So viele Gläser und so viele Namen! Jojo schaut sich alle an. Das ist ja wirklich spannend!
Auf einmal bleibt Jojo wie angewurzelt vor einem Glas stehen. Sein Herz fängt so laut und schnell an zu schlagen, wie er es noch nie erlebt hat. Auf dem Schildchen steht: Jojo, der Waldwichtel - sein eigener Name! Jojo läuft es kalt den Rücken herunter. Und je aufgeregter er wird, um so öfter wird das Licht in dem Glas größer und wieder kleiner und um so schneller und lauter wird das Pochen. »Das ist ja ...«, stammelt Jojo - »... Dein eigenes Herzlicht!«, spricht eine Stimme hinter ihm den Satz zu Ende. Jojo erschrickt furchtbar und dreht sich blitzschnell um. Vor lauter Schreck stolpert sein rechtes O-Bein über das linke, und er fällt direkt in die Arme der Erdfee.
»Sei willkommen in meinem Erdreich, lieber Jojo. Wie schön, daß ich Dich gefunden habe.« - »Gefunden?«, fragt Jojo völlig verwirrt. »Ach so, ja, aber, liebe Erdfee, wußtest Du, daß hier die Herzlichter aller Lebewesen stehen? Und daß manche Gläser leer und andere so voll von Licht sind, daß sie fast überlaufen? Und ...«, Jojo verschluckt sich fast, so aufgeregt ist er, »und wußtest Du, daß sogar mein Herzlicht hier in einem Glas lebt und schlägt?"-

»Aber ja, lieber Jojo, ich bin doch jeden Tag hier, um zu sehen, ob alles in Ordnung ist«, antwortet die Erdfee.
»Weißt Du, manche Gläser sind leer, weil jemand gestorben ist, dessen Herzlicht dort sein Leben lang geleuchtet hat. Das Schildchen unter solch einem Glas nehme ich an mich. Und wenn ein Baby geboren wird, beginnt sofort ein neues Lichtchen in dem Glas zu flackern. Das ist dann noch sehr klein. Und dann lege ich ein neues Schild mit dem Namen des neugeborenen Kindes darunter. Das ist der Lauf des Lebens, lieber Jojo. Aber ich sehe, Du wirst langsam wieder ruhiger. Schau, Dein Herzlicht zeigt es ganz deutlich.« Jojo betrachtet sein kräftiges und helles Licht in dem großen Glas und sagt: »Mein Herz schlägt ganz ruhig und gleichmäßig.« Da merkt Jojo, wie mit diesem Satz allmählich die Spannung und Aufregung aus seinem Körper geht. Und er ist sehr dankbar, daß die Erdfee neben ihm steht und ihn an der Hand hält.

Gemeinsam mit der Erdfee macht er sich schließlich auf den Weg zurück ans Tageslicht. Und plötzlich sagt sie etwas, was Jojo sehr stolz macht: »Jojo, Du hast ganz alleine einen Weg gesucht, um aus der Höhle wieder herauszukommen. Und obwohl Du Angst vor der Dunkelheit und den Klopfkäfern hattest, bist Du ganz ruhig geblieben und nicht einfach davongelaufen. Ich finde, Du bist ein sehr mutiger kleiner Waldwichtel. Außerdem solltest Du eines wissen: Es waren Deine Schulfreunde, die mich gerufen haben, weil sie sich große Sorgen um Dich machen. Und nun lauf das letzte Stück bis zum Ausgang allein, lieber Jojo, denn sie warten dort schon auf Dich!« - »Was? Sind wir denn schon wieder oben?«, fragt Jojo ganz überrascht. »Ja«, antwortet die Erdfee, »der Weg ans Licht ist oftmals ganz leicht zu finden. Man muß nur ein bißchen Mut haben - so wie Du, lieber Jojo. Und nun lauf und begrüße Deine Freunde!«

Als Jojo aus der Höhle herauskommt, stehen sie alle da, die Wurzelzwerge und die Waldwichte, und es gibt ein Riesenhallo. Alle lauschen mit großen Ohren Jojos aufregender Geschichte, und Jojo ist der Held des Tages. Und dann rufen sie alle: »Oben X und unten O, fix und mutig ist unser Jojo. Oben X und unten O, fix und mutig ist unser Jojo!«

Von diesem Tag an hat Jojo echte Freunde und muß nie wieder vor etwas davonlaufen. Und als er abends vor Müdigkeit in sein Bett fällt, ist er der glücklichste Waldwichtel im ganzen Kuschelland. Jojo denkt noch einmal an sein Herzlicht, das in kräftigem Grün mit einem bißchen Rosa in der Mitte in dem schönen großen Glas lebt. Und dann schläft er glücklich und zufrieden ein und träumt von seinen aufregenden Abenteuer.

Und nun träum auch Du ein bißchen mit.

> *Lassen Sie die Musik an dieser Stelle einfach so lange weiterlaufen, wie es Ihrem Kind guttut. Drehen Sie die Musik langsam aus, wenn Sie mit dem Text fortfahren wollen. Wenn Sie die Geschichte als »Gute-Nacht-Geschichte« nutzen möchten, dann löschen Sie jetzt bitte das Licht und beenden Sie das Märchen an dieser Stelle!*

Psst, Menschenkind, ich bin's, Zwergelinchen. Herzlichen Glückwunsch, gratuliere. Ich bin wirklich sehr stolz auf Dich. Warum? Na hör mal. Seit heute kannst Du alle Übungen aus dem Land der Entspannung und Phantasie, denn mit Jojos Abenteuer, das Du miterlebt hast, hast Du die letzte Übung, die Herz-Übung, kennengelernt.

Jetzt werd' aber erst mal richtig wach. Du siehst ja noch ganz verschlafen aus:

1. *Die Katze reckt sich und streckt sich.*
2. *Sie gähnt herzhaft und*
3. *öffnet ihre Augen.*

Ja, Menschenkind, seit heute bist Du ein ganzes Stück schlauer als die meisten großen Leute. Klasse, was? Die meisten Großen haben nämlich keine Ahnung von Entspannung und Phantasie. Und sie vergessen oft, daß mit Ruhe alles viel leichter und besser geht.

Und noch was: Auch wenn Du jetzt alle Übungen kannst, so gibt es immer noch ganz viele Geschichten und Abenteuer im Kuschelland zu entdecken. Du kannst allein, mit Deinen Freunden oder Eltern oder mit mir gemeinsam auf die Reise gehen. Du weißt ja, Du mußt nur ganz fest an mich denken, und ich bin sofort bei Dir. Ich freue mich schon darauf, wieder mit Dir loszuziehen.

Also tschüs und bis bald - sagt Dein Zwergelinchen.

> *Bitte üben Sie die kompletten Übungen des Autogenen Trainings mindestens einmal pro Tag mit Ihrem Kind.*

Noch ein wichtiger Hinweis:

Wenn Sie und Ihr Kind sich in diesen Übungen »zu Hause« fühlen, ist es nicht mehr notwendig, die Formeln mitzusprechen (wie im Vorwort bereits erläutert).
Dann entspannen Sie alleine durch das Hören des Klangteppichs (Track 9).

Sie können nach Ende des Klangteppichs natürlich immer so lange in der Entspannung bleiben, wie es Ihnen beziehungsweise Ihrem Kind guttut. Vergessen Sie aber bitte nie die Rücknahme, wenn Sie aus dem Entspannungszustand wieder in das Tagesbewußtsein zurückkommen möchten, es sei denn, Sie nutzen das Autogene Training zum Einschlafen.

Und nun weiterhin viel Spaß und gute Entspannung.

Die komplette Übung des Autogenen Trainings (mit allen Formeln)

1 *Ich lege mich ganz bequem auf den Rücken.*
2 *Ich schließe meine Augen.*
3 *Ich bin ganz ruhig.*

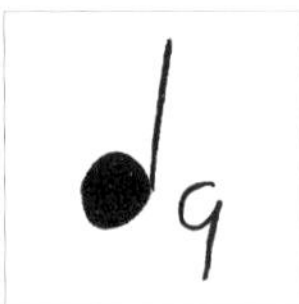

Meine Arme und Beine sind ganz schwer.
(5 Sekunden Pause)
Ich bin ganz schwer.
(5 Sekunden Pause)

Meine Arme und Beine sind sonnig warm.
(5 Sekunden Pause)
Ich bin sonnig warm.
(5 Sekunden Pause)

Meine Stirn ist angenehm kühl.
(5 Sekunden Pause)
Meine Stirn ist angenehm kühl.
(5 Sekunden Pause)

Mein Bauch ist sonnig warm.
(5 Sekunden Pause)
Mein Bauch ist sonnig warm.
(5 Sekunden Pause)

Mein Atem ist ruhig und gleichmäßig.
(5 Sekunden Pause)
Mein Atem ist ruhig und gleichmäßig.
(5 Sekunden Pause)

Mein Herz schlägt ganz ruhig und gleichmäßig.
(5 Sekunden Pause)
Mein Herz schlägt ganz ruhig und gleichmäßig.
(5 Sekunden Pause)

Ich bin ganz ruhig und fühle mich sehr wohl.
(5 Sekunden Pause)

Der Klangteppich ist hier zu Ende. Die Musik endet an dieser Stelle automatisch, da dies der letzte Track auf der CD/MC ist. Bleiben Sie nun so lange im Entspannungszustand, wie es Ihnen und Ihrem Kind guttut. Machen Sie die Katzenübung (Rücknahme) erst dann, wenn Sie das Autogene Training für heute beenden möchten.

1 *Die Katze reckt sich und streckt sich.*
2 *Sie gähnt herzhaft und*
3 *öffnet ihre Augen.*